心·

孩子的认知成长与心灵照护

③

寻求帮助

刘薇　石萍　主编

天津出版传媒集团
天津科学技术出版社

目录

第一部分：心 · 日升月恒——情绪障碍与治疗

第二部分：心 · 桓公叹柳——行为障碍与治疗

第三部分：心·柳暗花遮——发育性障碍与治疗

第四部分：心·遮风挡雨——特殊情境下的心理支持

第五部分：心·雨过天晴——预防与促进心理健康

【第一部分】

心·日升月恒

情绪障碍与治疗

第一章
儿童抑郁症：识别、评估与治疗策略

“好累啊，看什么都觉得没意思，什么都不想做。”

“我可真没用，什么都做不好。”

“好难过啊，我不想活着了……”

许多家长会突然发现，曾经那个活泼开朗、如春光般明媚的孩子，如今变得郁郁寡欢、无欲无求，整个人似乎都被寒冬般凛冽的氛围包裹、纠缠着。

爸爸妈妈常常以为孩子只是遭遇了一时的困扰，或者单纯就是不听话，在装病、装可怜。殊不知，孩子可能真的遇到了麻烦，一种疾病正在悄悄侵袭着他们，那就是儿童抑郁症。

孩子眼中的光芒逐渐暗淡、熄灭，可年幼无知的他们不知道如何表达内心的困惑与不安，更不懂得如何向外界求助。久而久之，压抑的情绪蔓延开来，整个家庭都笼罩在愁云惨雾之中，陷入了沉闷压抑的氛围。

这原本只是一次“心灵的感冒”，如果孩子的病症能早被识别，并及时接受正确的治疗，许多孩子都能顺利康复，重新拥抱阳光灿烂的生活。

但如果家长先是忽视了孩子起初的“小异常”，而后又没能捕捉到孩子发出的“求救信号”，那么孩子就会像落入泥沼一样越陷越深。这不仅会严重影响孩子的身心健康、学习和日常生活，而且可能成为摧毁孩子人生与家庭幸福的“隐形炸弹”。

下面让我们一起来学习如何识别儿童抑郁症，面对儿童抑郁症我们能做些什么，以及我们该如何去关心和支持已经确诊患有儿童抑郁症的孩子。

一、凭“火眼金睛”识别

调查研究显示，2016 年美国儿童青少年抑郁症患病率约 3.2%，与我国 10 ～ 12 岁儿童的抑郁症患病率（3.1%）十分接近。另有研究表明，儿童重度抑郁症的终身患病率高达 11.0%。

更为棘手的是，儿童抑郁症的症状往往不如成人那样典型。与高患病率相对应的，是其识别率和干预水平均较低。这就导致孩子难以及时获得准确的诊断和接受对症的治疗，长期承受着疾病带来的痛苦。

因此，爸爸妈妈需要打破自己的思维定势，练就一副“火眼金睛”，早点儿识别孩子的异常情绪和行为表现。

1 躯体不适

孩子首先表现出的症状往往是躯体的不适。

（1）自主神经功能紊乱

孩子会经常说自己头痛、头晕、胸闷、心悸、恶心、腹痛、身体忽冷忽热，但仅经内科检查往往查不出原因。

（2）精力丧失

孩子总是感觉很累，没有活力，对外在的形象包括衣着打扮都不再上心，整天都表现得很“丧”。

（3）进食障碍

多数孩子表现出食欲不佳、没胃口，需要家人的劝说才能勉强进食，常伴有体重下降；但也有少数孩子有贪食的表现。

（4）睡眠障碍

绝大多数孩子存在睡眠问题，如夜间入睡困难、睡眠浅、多梦、经常早醒等。

2 情绪不良

（1）情绪低落

孩子表现出持续性的情绪低落，整天郁郁寡欢、唉声叹气，莫名地想哭，有时还会烦躁、易怒，与家长发生冲突，出现攻击性行为，或表现出对生活或事物都“无所谓”的状态。

（2）兴趣减退

孩子对日常学习和生活都提不起兴趣，甚至放弃了以前热衷的爱好。他们既不想上学，也不想社交，更不关心事情的好坏，只想把自己关在屋子里独处。

（3）快感缺失

孩子无法体验到愉悦的感觉，即使参与之前喜欢的活动，也很难感受到快乐。

3 认知行为改变

（1）思维迟缓

孩子变得反应迟钝，语速慢，寡言少语，注意力不集中，思考问题的能力下降。

（2）认知受损

孩子的自我价值感降低，觉得自己没用，没人会喜欢自己，认为自己前途渺茫，常常呈现“无用”“无助”“无望”的“三无”状态。同时，有些孩子还会记忆力下降、容易分心、处理问题的能力减弱，同时容易做出负面的自我评价。

（3）焦虑

孩子会无缘无故地害怕、紧张，经常胡思乱想，一点儿小事就会坐立不安、心慌、手抖。

（4）自责

孩子经常为过去发生的小事感到自责、内疚，即便有时不是自己的错，也会认为自己犯了不可饶恕的错误。

（5）行为退缩

孩子成绩突然下滑，抵触上学，拒绝与朋友交往，回避家人的关心。有些孩子为了逃避现实，还可能会过度沉迷于网络。

（6）自伤和自杀

为了缓解痛苦，一些孩子可能会出现躯体性伤害行为，如击打或划伤自己等。更有甚者，会觉得活着没有意义，萌生自杀的念头，甚至付诸行动。

（7）精神病性症状

若孩子的病情持续加重，还可能出现幻视、幻听，甚至妄想等精神病性症状。

二、借“洞若观火”去评估

如果孩子出现上述异常行为，家长一定要及时带孩子来医院就诊，仔细评估他们是否真的患有抑郁症。

1 是，不是?

儿童抑郁症的诊断需要由专业医生通过访谈，综合孩子的病史、病程特点、家族史、体格检查、精神检查及辅助检查等，进行全方位的评估，且需符合国家或国际诊疗标准，具体诊断要点如下。

病程：孩子的相关症状持续时间需超过 2 周。

核心症状：在连续的 2 周内，孩子出现情绪低落或丧失兴趣、愉悦感的情况，同时伴有食欲减退、睡眠障碍、精力下降、沉默寡言、低自尊、思维迟缓，甚至出现自伤行为和自杀想法。

功能影响：以上这些症状会让孩子感到痛苦，并导致其社会功能受损，且孩子过往未有过躁狂发作。

排除标准：孩子的症状不是由药物或其他躯体、精神疾病导致的。

2 重，不重?

一旦孩子确诊为抑郁症，需在专业医生的指导下，经相关心理筛查，对症状的严重程度进行科学评估。

目前，常用于儿童抑郁症的心理评估量表有儿童抑郁障碍自评量表（DSRS）、儿童抑郁量表（CDI-2）、抑郁自评量表（SDS）等。

三、用“灵丹妙药”来治疗

当孩子确诊为抑郁症后，应依据病情的严重程度，由专业医生制订个性化治疗方案，尽早进行干预。

1 心理治疗

不同严重程度的抑郁症患儿都适宜进行心理治疗。目前，常见的心理治疗包括认知行为治疗（CBT）、人际心理治疗、家庭治疗等，其中认知行为治疗是儿童抑郁症的首选治疗方法。

进行认知行为治疗，目的是通过调整孩子的信念，修正其歪曲的认知模式，进而消除不良情绪与行为，主要包括认知矫正和行为治疗两个方面。

（1）认知矫正

以儿童为中心，通过提问，识别并矫正孩子的不良认知，然后进行认知重建，让其觉察到自身认知的局限性，认识到硬币还有另一面，现实也不是非黑即白的。

（2）行为治疗

在给予关爱和鼓励的同时，与孩子共同制订活动计划，并制订奖赏清单，为其创造成功的机会，增加孩子受奖赏行为的频率，使其意识到自己的能力，进而提升愉悦感和自信心。

此外，还可以通过开展人际心理治疗、家庭治疗等，改善孩子的社会关系、家庭成员关系，促进孩子的病情好转，降低自伤及自杀率。

2 家庭支持

家是温暖的港湾，父母的支持与帮助，可以为孩子走出困境、驱散阴霾提供强大的精神动力。

父母应努力营造温馨的家庭环境，避免相互指责，让孩子感受到温暖，获得足够的安全感与依恋感。

建议家中可以设立“家庭专属时间”。在此期间，全家放下手机等电子设备，专注倾听孩子的心声。父母还可以适时给予孩子拥抱，或者轻拍孩子的肩膀、手背等。

此外，父母还可以制订家庭活动计划，与孩子一起做饭、散步、玩玩小游戏等，与孩子重新建立联结，但过程中应该尊重孩子意愿，避免强迫孩子。

同时，父母可引导孩子正确表达自己的需求，比如：“我现在想一个人安静一会儿，一小时后再聊好吗？”“能陪我坐会儿吗？”等等。在与孩子交流时，父母应尽量表示理解孩子的痛苦，并给予他们希望，避免说“别想太多”“怎么又不开心了”等否定孩子感受的话。

3 药物治疗

9 岁以下的抑郁症患者，因为其自身的认知及语言能力有所欠缺，所以单纯的心理治疗可能难以取得理想效果。此外，重度抑郁儿童仅依靠心理治疗和家庭支持干预，往往难以完全缓解症状。因此，涉及以上情况的孩子需在专业医生的指导下接受联合用药治疗。

目前，临床上治疗儿童抑郁症的药物种类繁多，如 5-

羟色胺选择性再摄取抑制剂（SSRI）类抗抑郁药“五朵金花”——氟西汀、帕罗西汀、西酞普兰、舍曲林和氟伏沙明。此外，还有其他新型抗抑郁药，如文拉法辛、米氮平和安非他酮，以及传统抗抑郁药丙咪嗪、阿米替林等。

需注意的是，药物治疗应进行全病程治疗，急性期过后还要进行巩固和维持治疗，不能过早停药或突然断药。

独角兽时间

出镜小朋友： 彤彤

性别： 女

年龄： 11 岁

因情绪低落 1 年来就诊。

询问病史： 近 1 年来，彤彤变得郁郁寡欢，经常莫名地哭泣，跟家长诉说自己很累，反复出现头痛、胸闷等症状，不能坚持去上学，也不再去上原本喜欢的绘画课，经常关起门独自待着，沉迷于玩手机。食欲明显下降，夜间入睡困难，睡眠浅。家长发现彤彤的手臂上满是刻刀划伤的痕迹。彤彤还出现过用塑料袋套住自己的头部企图自杀的行为。

后续：经评估后诊断为“儿童抑郁症”。在医生的指导下，彤彤接受了心理治疗和药物治疗，同时辅以家庭治疗。在彤彤本人、家长和医生的共同努力下，她的病情逐渐稳定并好转。

抑郁症如同灰蒙蒙的阴霾，笼罩在孩子生活的方方面面，让他们压抑、迷茫、不知所措。亲爱的爸爸妈妈，你们就是他们最可靠的调色师，请跟孩子一起，为他们的心灵涂上五彩斑斓的色彩。心是彩色的，世界就是彩色的！

第二章
焦虑症：认知行为疗法与放松技巧

“哎呀，我的心跳突然变得好快，感觉喘不上气，明明没做什么，却莫名地心慌……”

“为什么每次面对考试、重要任务时，我就紧张得不行？脑袋里全是不好的结果，根本没法集中精力。”

孩子这些无奈的话语背后，可能隐藏着焦虑情绪。

焦虑是人类面对压力时的正常反应，但当这种情绪持续存在并严重影响日常生活时，就可能发展为焦虑症。

焦虑症是学龄期儿童常见的情绪障碍之一，不仅会影响孩子的学习和社交，还可能引发一系列身心问题。

在儿童心理疾病范畴中，焦虑症主要分为分离焦虑、广泛性焦虑（请见第2册第二部分“心·雨霾风障——学龄前期发育异常”部分），以及社交恐惧、惊恐发作等类型（本章重点介绍）。

面对患有焦虑症的孩子，家长和老师应尽量去了解其表现、成因及科学应对方法，这样才能帮助他们走出情绪的阴霾，重新拥抱阳光。

一、焦虑 ≠ 焦虑症

1 焦虑的情绪反应

焦虑是一种常见的情绪反应，通常在个体面对压力或不确定性时出现。适度的焦虑可以激发孩子的内在动力，帮助其更好地应对挑战。例如，考试前的适度紧张能够促使孩子更认真地做好考前复习，进而取得更好的学习效果。

2 焦虑症的情绪障碍

当孩子的焦虑情绪持续存在、强度过高，且与实际情况明显不相符时，则可能发展为焦虑症。焦虑症会干扰孩子的日常生活，表现为过度恐惧、回避行为以及身体不适。

3 不同年龄阶段的焦虑情绪来源

（1）9岁前

这个阶段小朋友的特点是脆弱和依赖，他们不能凭借自己的头脑区分想象与现实，通常会对不存在的事物产生恐惧，如害怕鬼怪，害怕待在黑暗的屋子里等。

患有分离焦虑症的孩子常常会不切实际地想象亲人被伤害或者遇到不幸事件，因此拒绝去上学，不让爸爸妈妈外出上班，不肯与父母分开。

（2）9—13岁

此阶段孩子的焦虑情绪通常源于现实中的具体威胁，如打雷、刮风等自然现象，以及病菌感染或疾病等。

（3）青春期

随着步入青春期，少男少女的焦虑情绪主要来源于社交方面。孩子通常会通过别人的眼光来观察自己，害怕自己不能满足家长、老师和同伴的期望。同时，他们还会格外关注自己的外貌和成绩，很在意外界对自己的评价。

二、社交恐惧

1 社交恐惧的心理障碍

社交恐惧，又称社交焦虑障碍，是一种对社交或表演场合感到强烈恐惧或焦虑的心理障碍。它并不是害羞，与正常的社交紧张情绪有着本质区别。

正常的社交紧张情绪通常是短暂的，比如在初次见面、重要演讲前，孩子会感到些许紧张，但这种紧张的情绪不会严重影响其正常生活和社交，且随着社交活动的进行会逐渐缓解。而社交恐惧患儿在面对社交情境时，会产生过度的、持久的恐惧和焦虑，这种情绪会严重干扰其日常生活，使其极力回避社交场合。

2 社交恐惧的表现

在社交场合中，社交恐惧患儿会持续表现出明显的恐惧和焦虑情绪，不单单发生在与成年人交往时，与同伴交往时也不例外。

此外，社交恐惧患儿还会因过度担心别人对自己的负面评价而回避社交场合，或者虽不回避社交场合但在社交过程中忍受着强烈的痛苦情绪。

上述情况持续至少 3 个月，会严重损害患儿的社会功能和影响其生活质量。

三、惊恐发作

1 惊恐发作

惊恐发作是一种严重的焦虑障碍的表现形式，以反复出现的、不可预测的强烈恐惧和不适感为特征。与日常生活中偶尔的紧张、害怕情绪不同，惊恐发作往往毫无征兆，且症状强烈，一般会在 10 分钟内达到峰值，部分发作可持续数小时。

2 惊恐发作的表现

（1）强烈的恐惧情绪

发作时，患儿会突然感到极度恐惧、惊慌，仿佛面临生死威胁，内心充满了无助和绝望，这种恐惧情绪远远超出正常情况下人们面对危险时的情绪反应程度。

（2）身体症状

惊恐发作时，患儿的心脏表现会较为突出，常为心跳加速，感觉心脏在胸腔里剧烈跳动，甚至能听到自己的心跳声，部分患儿还会伴有胸痛、胸闷，好像胸口被重物压着；患儿的呼吸系统会出现呼吸急促、呼吸困难，仿佛无法吸入足够的空气，有种快要窒息的感觉；患儿还会有头晕、眩晕的症状，感觉周围的环境在旋转，身

体失去平衡，站立不稳。此外，患儿的胃肠道也会受到影响，出现恶心、呕吐、腹痛、腹泻等症状。

（3）认知症状

在惊恐发作期间，患儿的认知功能常会受到影响，如觉得自己快要失去控制，濒临发疯，或者担心自己会心脏病发作甚至死亡，这些灾难性的想法进一步加剧了恐惧和焦虑情绪。

四、焦虑症的治疗之法

对于少数病情较为严重的焦虑症患儿，医生可能会开具抗焦虑药物以缓解症状。在大多数情况下，药物治疗并非首选。

科学治疗的核心在于调整负面思维和缓解生理紧张，这也正是心理治疗中经常用到“认知行为疗法”和“放松疗法”的目的。

1 认知行为疗法

认知行为疗法（CBT）是治疗焦虑症的一种有效方法，它主要通过改变患者的认知和行为模式来缓解焦虑症状。

该疗法认为，情绪和行为不是由事件本身直接引起的，而是由个体对事件的认知和评价所决定的。因此，修正不合理的认知，便能改变情绪和行为。

（1）第一步，识别和挑战负面思维

①记录——焦虑想法。

引导孩子学会留意自己在焦虑状态下的思维内容，可以通过写日记的方式，记录下当时的情境、情绪感受以及脑海中出现的想法。例如，在面对即将到来的演讲时，及时记录下“我肯定会忘词，大家会嘲笑我”等类似的想法。

②分析——思维的合理性。

基于记录，引导孩子对这些负面思维进行分析。思考这些想法是否有证据支持，是否存在夸大或不合理的地方。如对于“我肯定会忘词，大家会嘲笑我”这个想法，可以通过分析以往演讲的经验，判断是否真的每次都会忘词，以及即使忘词了，他人是否真的会嘲笑自己。

③替代——用积极思维。

在识别出负面思维的不合理之处后，引导孩子尝试用更合理、积极的思维来替代它。比如，将“我肯定会忘词，大家会嘲笑我”转换为“虽然我可能会有点儿紧张，但我做了充分的准备，即使忘词了，我也能灵活应对，大家会理解我的”。

（2）第二步，行为改变

①暴露疗法。

家长可引导孩子先从低压力场景开始接触令其恐惧的事情。例如，害怕演讲的孩子可以先在家人面前练习，再慢慢过渡到在班级里发言；对于有社交焦虑的孩子，可以先从参加小型的社交聚会开始，逐渐增加社交活动的规模和难度，以此帮助他们克服对社交场合的恐惧。

②重塑技术。

家长可引导孩子通过观察他人运用健康有益的行为应对问题，以发展自己的新技能和行为模式。重塑技术包括治疗师通过口头指导应对策略、患儿观察影视角色并进行模仿、正确行为的自我强化等。

2 放松疗法

焦虑症发作时常伴随心跳加速、肌肉紧绷等生理反应，通过简单的训练可快速平复这些症状，给不合理的生理反应按下“暂停键”。

（1）深呼吸

深呼吸可以调节自主神经系统，使身体从紧张状态恢复到放松状态。情绪紧张时做几分钟深呼吸，能有效降低心率，具体操作方法如下。

找一个安静舒适的地方坐下或躺下，闭上眼睛。慢慢地用鼻子吸气，让空气充满腹部，感觉腹部像气球一样膨胀起来，默数 5 个数。然后用嘴巴慢慢地呼气，感受腹部逐渐收缩，默数 7 个数。

缓慢吸气→屏气→缓慢呼气，重复这个过程，每次呼吸尽量保持均匀、缓慢、深沉。

（2）肌肉放松

找到一个安静的空间，坐在垫子或椅子上，保持挺直的坐姿。闭上眼睛，从脚趾到头部，依次收紧再放松肌肉群，缓解全身紧张。

（3）想象安全区

家长可引导孩子闭眼想象一个舒适的场景（如躺在草地上），通过冥想身处安全区来放松。可以从每天 5～10 分钟开始，以后逐渐增加冥想的时间。冥想能够帮助孩子减轻压力，提高专注力，让其内心更加平静。

独角兽时间

出镜小朋友： 小雅

性别： 女

年龄： 10 岁

因持续紧张和睡眠问题就诊。

询问病史：小雅平时成绩优异，但近1个月因班级演讲比赛感到极度紧张，出现失眠、胃痛等症状。她总担心自己会忘词或出丑，甚至想放弃比赛。家长发现她近期情绪起伏大，爱哭泣。

后续：在心理医生的指导下，小雅学习了深呼吸和肌肉放松技巧，并通过认知行为疗法调整了对演讲比赛的负面认知。家长和老师也给予了她更多鼓励。最终，小雅顺利完成演讲，焦虑症状明显减轻。

第三章
双相情感障碍：药物治疗与心理社会干预

“这孩子真奇怪，前几天还活力充沛，现在怎么突然无精打采，对什么都提不起劲儿？”

“妈妈，前阵子我明明信心满满，这几天却‘发现’自己做什么都不行，这可怎么办啊？”

不少家长在面对孩子情绪和行为的极端变化时，感觉就像经历俗话说的“二八月，乱穿衣”一样，忽冷忽热，满心困惑。确实，有些孩子的状态，就如同被情绪的天气所裹挟，时而万里无云、兴高采烈、活力四射，时而疾风苦雨、陷入低落、倍感消极。

请注意，这种令人捉摸不透的情绪状态，很可能是双相情感障碍在作祟！

一、双相感障碍 ≠ 情绪多变

青少年因激素变化或压力出现短暂的情绪起伏是正常现象，如考试前的紧张或与朋友争吵后的低落。他们通常能自我调节并很快恢复平稳。

双相情感障碍是一种严重的情绪障碍，表现为躁狂或轻躁狂发作与抑郁发作交替或混合出现。躁狂发作时患儿情绪高涨、言语增多、活动增多；抑郁发作时情绪低落、思维迟缓、活动减少。每次发作持续数天至数周，

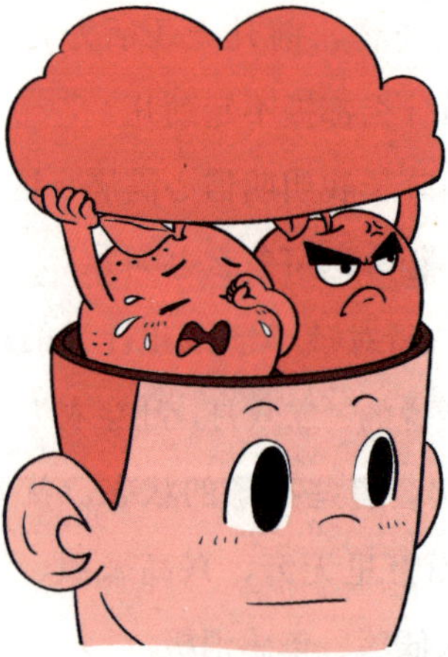

且情绪强度远超现实情境，需接受专业治疗。

二、双相情感障碍与4种疾病的鉴别

双相情感障碍的症状常常会与其他4种精神疾病的症状相互重叠，一旦误诊可能导致治疗方向错误。因此，应在进行药物治疗和相关干预前，排除其他可能存在的疾病。

1 单相抑郁症

双相抑郁症患儿可能在经历多次抑郁发作后才会出现躁狂发作，若因躁狂发作时间短、症状轻微而被忽视，容易被误诊为单相抑郁症。

单相抑郁症主要表现为持久的情绪低落，核心症状是心境低落、兴趣和愉快感丧失、精力降低。患儿长期沉浸在消极情绪中，对以往的爱好失去热情，日常活动易感到疲倦。而双相情感障碍有躁狂或轻躁狂发作阶段，与抑郁发作阶段形成鲜明反差。比如，单相抑郁症患儿不会突然出现极度兴奋、言语滔滔不绝、计划过多等躁狂症状。

在这种情况下，如果使用抗抑郁药物对双相抑郁患儿进行治疗，则会诱发心境不稳定，转为躁狂发作。

2 焦虑症

焦虑症的临床表现为过度紧张、不安、恐惧，常伴有自主神经功能紊乱症状，如心跳加速、呼吸急促、手抖等。焦虑情绪大多针对现实生活中的事件或情境，且没有明显的情绪高涨期。

双相情感障碍患儿在抑郁或躁狂时虽也可能有焦虑表现，但这并不是主要症状，且情绪变化存在明显的起伏周期。

目前，针对焦虑症多采用抗焦虑药物治疗，以及心理治疗，如认知行为疗法。双相情感障碍的治疗则围绕稳定心境、控制躁狂和抑郁发作展开，其药物选择和治疗方案更复杂。

3 人格障碍

人格障碍是指长期形成的、相对稳定的人格特质偏离正常的情况，从青少年时期逐渐发展，贯穿整个成年期，是一种持久的行为模式。

例如，边缘型人格障碍患儿的情绪不稳定、人际关系紧张、自我认同混乱等问题会长期存在。双相情感障碍则是发作性疾病，有明显的发作期和间歇期，症状出现前患儿的人格基本正常，只在特定时期才出现情绪和行为异常。

人格障碍治疗侧重于人格重塑和心理治疗，目的是改善患儿的人际关系和应对问题的方式。

4 精神分裂症

精神分裂症的精神病性症状主要包括幻觉、妄想、思维形式障碍等，患儿的认知、情感、意志、行为等多方面会出现不协调的情况。例如，患儿会听到不存在的声音，坚信一些荒谬的想法，如认为自己被外星人控制等。

双相情感障碍的精神病性症状往往与情绪状态相关，在躁狂或抑郁发作严重时出现，且症状表现与高涨或低落的情绪相协调，如患儿在躁狂时可能觉得自己是超级英雄，抑郁时又觉得自己罪孽深重该受到惩罚。

精神分裂症病程通常具有迁延性，呈慢性化发展，对患儿的社会功能影响较大，即使患儿已康复，也常残留部分症状。双相情感障碍则以发作性病程为主，发作间歇期患儿的社会功能基本正常，若治疗及时、规范，预后相对较好，对生活的影响可得到有效控制。

三、双相情感障碍·干预治疗

1 药物治疗

药物治疗在双相情感障碍的治疗中占据着举足轻重的地位，是稳定孩子情绪的关键手段。恰当的药物治疗就像给起伏不定的情绪装上了“稳定器”，可以帮助孩子找回生活的平衡。

（1）心境稳定剂

碳酸锂是治疗双相情感障碍的经典心境稳定剂。它能有效抑制躁狂发作时的兴奋状态，让孩子过于高涨的情绪逐渐平稳下来，同时还能预防抑郁发作的再次出现。但使用碳酸锂时需要密切监测孩子的血锂浓度，若血锂浓度过高，则可能会引发中毒，患儿出现恶心、呕吐、手抖等不良反应。

另一种心境稳定剂为丙戊酸盐类药物，如丙戊酸钠。这类药物同样具有良好的心境稳定作用，对抑制躁狂和抑郁发作都有一定的疗效，而且副作用相对较小，安全性较高。

（2）抗精神病药物

当孩子躁狂发作较为严重，出现幻觉、妄想等精神病性症状时，抗精神病药物就派上用场了。如奥氮平，它可以有效控制以上症状，帮助孩子回归正常的认知和情感状态；阿立哌唑也是常用的抗精神病药物，不仅能改善精神病性症状，还对双相情感障碍的抑郁症状有一定的缓解作用。

（3）抗抑郁药物

当孩子处于抑郁发作阶段，且抑郁症状较为严重时，医生可能会谨慎地选用抗抑郁药物。但需要注意的是，单独使用抗抑郁药物可能会诱发孩子躁狂发作，所以通常情况下，抗抑郁药物会与心境稳定剂联合使用。

例如，“五朵金花”中的氟西汀，在与心境稳定剂配合使用时，可以有效缓解抑郁症状，帮助孩子重新感受到生活的美好。

重要警示：药物治疗必须且只能在专业医生的指导下进行，医生会根据孩子的具体症状、病情严重程度、年龄、体重等因素，精准地选择合适的药物及相应剂量。家长要严格按照医嘱给孩子服药，不能擅自增减药量或停药，以免影响治疗效果，导致病情复发或加重。

2 心理社会干预

除了药物治疗，心理社会干预也是双相情感障碍综合治疗中不可或缺的一环。它就像温暖的阳光和甘甜的雨露，温暖和滋养着孩子的心灵，能够帮助他们更好地应对疾病，回归正常生活。

（1）认知行为疗法（CBT）

认知行为疗法可以帮助孩子识别和改变负面的思维

模式和行为习惯。

孩子在抑郁发作时，常常会陷入自我否定的思维陷阱，认为自己一无是处。通过CBT，治疗师可以引导孩子认识到这些思维的不合理性，用积极、理性的思维取而代之。此外，CBT还能教会孩子应对压力和情绪的技巧，使孩子在之后遇到困难或情绪波动时，能够运用这些技巧进行自我调节。

（2）家庭治疗

家庭是孩子成长的港湾，父母应注意改善家庭成员之间的沟通方式，为孩子营造一个充满温暖和支持的家庭氛围。父母应学会理解孩子的症状，给予孩子足够的关爱和支持，而不是一味地指责和批评孩子。

（3）支持性心理治疗

在支持性心理治疗中，治疗师会为孩子提供一个安全、可信任的倾诉环境，让孩子能够毫无顾忌地表达自己内心的感受和困惑。

支持性心理治疗可以在孩子情绪低落时给予其鼓励和安慰，在孩子取得进步时给予其肯定和赞扬，从而增强孩子的自信心和自尊心。同时，支持性心理治疗还能帮助孩子建立良好的人际关系，鼓励他们参加社交活动，更好地融入社会。

（4）生活方式调整

规律的生活作息对双相情感障碍的康复至关重要。家长要帮助孩子建立稳定的生物钟，保证充足的睡眠；监督孩子合理饮食，多吃蔬菜水果，减少高糖、高脂肪、高盐食物的摄入；同时还应鼓励孩子适当运动，如散步、跑步、骑自行车等，运动不仅可以增强孩子的体质，还能改善孩子的情绪，帮助孩子释放压力。

温馨提示：双相情感障碍的治疗是一段漫长而艰辛的旅程，需要药物治疗和心理社会干预携手并进。家长和老师要密切关注孩子的情绪变化和行为表现，一旦发现异常，应及时带孩子就医。在治疗过程中，家长和老师还应给予孩子充分的理解、支持和关爱，陪伴他们一步步走出双相情感障碍的阴影，重新拥抱充满阳光的生活。

独角兽时间

出镜小朋友：小明

性别：男

年龄：15 岁

因近半年情绪低落与情绪高涨交替出现就诊。

询问病史：小明的情绪忽高忽低，有时兴奋话多、乱花钱，有时整天躺在床上不说话，症状持续半年，加重 1 个月。情绪高涨近半年发作 3 次，每次持续 5～10 天，其间用父母的手机在网络游戏中充值上千元购买装备，话多，爱和同学交往，吹嘘自己即便不学习也能考第一名，有时一天仅睡 2～3 小时，次日仍精力充沛；情绪低落 2 次，每次持续 10～15 天，自述“活着没意思”，拒绝上学，整日卧床。1 个月前月考失利被父亲批评后情绪波动加剧。

后续：初步诊断为双相情感障碍，医生嘱使用心境稳定剂碳酸锂和抗精神病药物喹硫平联合治疗，辅以认知行为疗法和家庭治疗。小明坚持服药并积极复查，病情逐渐好转。

【第二部分】

心·桓公叹柳

行为障碍与治疗

第四章
注意缺陷多动障碍（ADHD）：综合管理模式

相信爸爸妈妈已经通过阅读之前的章节，对注意缺陷多动障碍有了初步的了解。

是的，注意缺陷多动障碍是一种常见的神经发育障碍性疾病，主要表现为注意力不集中、多动和冲动行为。ADHD 会影响孩子的学习和社交能力，还可能延续到成年期，影响其工作表现和人际关系。

此外，由于 ADHD 病因也较为复杂，因此为了有效管理 ADHD，我们通常需要采取综合管理模式，包括药物治疗、行为治疗、家庭心理治疗、学校干预、相关的健康教育与生活方式调整等多种手段。

接下来，就让我们深入了解 ADHD 综合管理模式吧！

一、药物治疗最专业

1 常用药物

中枢兴奋剂类药物：哌甲酯和安非他明。

非中枢兴奋剂类药物：托莫西汀、可乐定、胍法辛、丙咪嗪等。

在我国，常用于临床治疗的药物是哌甲酯和托莫西汀。两种药物都可以有效改善患儿注意力无法集中、多动、冲动等症状。

重要警示：药物治疗必须且只能在专业医生的指导下进行。

2 重点介绍

最有争议且引起家长恐慌的首选药物——哌甲酯。

哌甲酯早在 20 世纪 40 年代就被人工合成，60 年代就以商品名利他林上市，并被誉为“ADHD 治疗领域最有效的药物”。哌甲酯因被网络热议为“聪明药”而备受关注，尽管此药物涉及滥用和药物成瘾的潜在危险，但只要谨遵医嘱，做治疗用且规律用药，是可以避免成瘾风险的。哌甲酯作为国内外 ADHD 治疗指南中的首选药物，治疗有效率在 70%以上。

特别强调：家长不要“闻药色变”。在 ADHD 的治疗中，各国推荐首选的治疗方式都是药物治疗，药物治疗有效率高达 70%～80%。

二、行为治疗最核心

行为治疗是以行为学习理论为指导，按照一定的治疗程序，消除或纠正个体不良行为的一种心理治疗方法。

ADHD 患儿存在突出的行为障碍或行为问题，会严重影响其正常行为发展和成年后的行为方式。

温馨提示：早期的行为治疗是 ADHD 非药物治疗的重要手段。

行为治疗以不良行为作为靶症状，通过阳性和阴性强化来增加适应性行为和减少问题行为。

ADHD 的行为治疗通常由经过训练的家长和老师通过改善行为的特殊技巧来实施。当患儿表现出期待行为时，实施者应及时给予奖励，没达到目标时则要给予惩罚，通过反复实施奖励与惩罚来塑造其好的行为。

基本原则：奖励好的行为，忽视或惩罚不好的行为。

三、家庭心理治疗最温暖

1 以家为本

随着社会的发展，家长对孩子的学业要求越来越高，更多的家长开始关注 ADHD，也因此，越来越多的儿童被诊断为 ADHD。

ADHD 作为一种慢性疾病逐渐被人们广泛认识，它不仅给患者带来终生危害，还影响患者及其家庭的生活质量。因此，在 ADHD 的治疗中，家庭心理治疗至关重要。

2 家长培训

当下社会，许多家长对 ADHD 及其药物治疗存在认知不足，以及较多的思维误区。我们都清楚，实际上，无论患儿是接受药物治疗还是其他治疗方法，都是由家长来决定的。家长在 ADHD 患儿的治疗和预后过程中起着关键作用。

但是，大多数家长对ADHD认识不足，常会因为孩子患病而产生明显的焦虑、抑郁等不良情绪，并且这部分家长常采取不良的教养方式。这些其实都是孩子童年期诱发ADHD的高危因素。

对家长进行健康教育可帮助家长认识疾病、掌握管理孩子身心健康的有效技巧，进而为ADHD患儿症状的改善提供良好的家庭支持环境。

3 家庭治疗

我们常说，孩子的问题就是家长的问题，是整个家庭的问题，这就是家庭治疗的理念基础。家庭治疗是以家庭为单位的治疗方式，是将存在的问题或症状从个体转向关系的一种思考和实践方法。此方法注重解决家庭成员互动关系以及生活中需要改善的相处问题。

相比其他疗法，家庭治疗不关注患儿的症状，不再把患儿的症状看成患儿自己的问题，而是更多关注患儿和家庭之间的关系。在家庭治疗中，家长应反省自己的行为方式和情绪反应，以一种更有建设性的方式处理与孩子之间的关系。

家庭治疗就是把家庭作为一个整体。要缓解或消除某个家庭成员的问题，需要整个家庭共同参与、共同成长。

四、学校干预最宝贵

1 生态系统

当前比较流行的儿童生态系统理论强调儿童个体发展与其所处的环境关系紧密。儿童生态系统理论强调发展来自人与环境的相互作用，这种相互作用最终决定了个体的发展路线。

同时，该理论将环境视为一个不断变化发展的动态过程。随着时间的推移，儿童所处的微观系统环境不断发生变化，且这种变化并非单向作用，而是与儿童个体之间形成双向互动影响。

2 微观环境

儿童微观系统是指个体活动和交往的直接环境，包括家庭、学校和同伴关系。因此，学校生活是微观系统的重要部分。

注意力不集中、多动等症状会让 ADHD 患儿在学校活动中和课堂上出现更多错误，进而被教师不断指责，导致其自尊损害，生活质量下降，甚至出现自杀想法或行为。ADHD 导致的损害还可能让患儿有更大的可能成为校园欺凌的受害者，包括被取笑、孤立、威胁、殴打等。

因此，在学校中给予 ADHD 患儿长期、系统、个体化的有效干预是非常必要的。

独角兽时间

出镜小朋友： 小聪

性别： 男

年龄： 6 岁

一年级，入学半年，因注意力不集中来就诊，完成相关心理测评和实验室检查，确诊为 ADHD。

治疗方案： ①盐酸哌甲酯，18mg/ 次，晨起口服，1 日 1 次，每月复查 1 次；②家长培训，1 次 / 月；③行为训练，1 次 / 周。

经 1 个月治疗，患儿临床症状得到改善，能够独立完成作业，课堂专注度显著提升，建议延续当前治疗方案。半年后，患儿再经评估，各项指标均达到正常值，建议利用假期停药观察，并定期复查。

随着医学研究的深入，学界对 ADHD 的认识日趋完善，逐渐明晰其在儿童不同年龄阶段亦有不同的影响。由此可见，对 ADHD 的治疗应该是一个全周期慢病综合管理的过程。具体的综合管理需要多学科团队的协作，包括医生、心理治疗师、教育者、家长和社会工作者，集结力量为患儿提供全面、持续的支持。

正因如此，ADHD 的综合管理模式强调个性化、多维度干预，结合药物、行为、教育、家庭支持等多种手段，帮助患儿有效管理症状，提升其生活质量和社会功能。

真心希望每个孩子都能身心健康成长。但倘若您或您的家人正在与 ADHD 作斗争，请记住，前方斗争之路虽遍地荆棘，但终会山花烂漫——因为 ADHD 患儿是可以通过科学有效的干预治疗，回归正轨，健康快乐成长的！

第五章 对立违抗性障碍（ODD）与品行障碍（CD）：行为疗法与家庭治疗

某市一所中学发生了一起严重的校园欺凌事件，几名学生长期对一名同学进行身体和心理上的虐待，导致受害者身心受创，不得不转学——这是不可原谅的校园欺凌！

在某社区，几名 10 岁左右的儿童多次在超市和便利店盗窃，最终被监控录像拍下并报警处理——这是无耻的盗窃行为。

某公园的公共设施遭到一群不满 14 岁少年的故意破坏，造成数万元的经济损失——这是严重的破坏公共财物行为。

以上事件均来自近年来的新闻报道，这些真实案例似乎昭示着未成年人犯罪现象有逐渐增多的趋势，一时间引发了社会的广泛关注。这些儿童青少年的犯罪行为包括盗窃、欺凌、破坏公共财物，甚至暴力犯罪，给社会安全带来了新的挑战。面对这些令人揪心的新闻，相信每个人心中都会涌起深深的困惑与忧虑：这些问题少年究竟是怎么了？

接下来就为大家介绍一类与之相关的行为障碍——破坏性行为障碍。在青少年群体中，常见的类型便是对立违抗性障碍和品行障碍。

值得关注的是，童年期起病的对立违抗性障碍和品行障碍的破坏性行为更持久，患者成年后出现犯罪、物质滥用等反社会行为的概率更高。

一、对立违抗性障碍（ODD）与品行障碍（CD）的特征

ODD 和 CD 是儿童青少年群体中患病率较高的一组精神障碍疾病，对患者的学习、生活均有明显的影响，甚至会影响其人格的正常发展。这两种行为障碍的病因和发病机制尚不明确，既与心理因素有关，也涉及生理学的病理机制。

1 ODD 画像

特征：患者易怒 / 易激惹，且有争吵、对立的行为方式，以及怨恨、报复的心理倾向。

发病年龄和性别特点：多见于 9 岁或 10 岁以下儿童。ODD 的对立和违抗性行为在学龄前期男孩中更加常见，而女孩则要到青春期，问题才会凸显。

行为特点：患者具有明显的违抗、不服从和挑衅行为，但是没有更严重的违反法律法规或损害他人权益的社交紊乱性或攻击性行为。

2 CD 画像

特征：患者会严重违纪，违反社会规范或损害他人合法权益。

发病年龄和性别特点：按发病年龄可分为童年期起病型（≤ 10 岁）和青春期起病型（> 10 岁）。常见于男孩。通常青春期起病的患者表现出的是阶段性行为问题，其行为问题局限于青春期，在青春期结束后即停止。

行为特点：患者在儿童及青少年期反复持续出现攻击性和反社会性行为，这些行为违反了与年龄相适应的社会行为规范和道德准则，在影响他们本身学习和社交功能外，还会损害他人或公共利益。

二、对立违抗性障碍（ODD）与品行障碍（CD）的治疗

目前，ODD 和 CD 的针对性疗法仍存在诸多挑战，因而主要采用综合性治疗和干预方法，包括药物治疗、心理治疗，以及以家庭、学校、社区为基础的干预计划。在这里主要向大家介绍心理治疗中的行为治疗和家庭治疗。

1 行为治疗——以行为为基础

行为治疗是一种心理治疗方法，基于行为主义理论，旨在通过改变患者的不良行为来改善其心理和情绪状态。

它强调患者通过学习和条件反射来改变行为，而不是深入探讨患者的潜意识或童年经历，涉及的主要技术有正强化、负强化、惩罚、系统脱敏等。

行为治疗是治疗 ODD 和 CD 的常用方法，治疗的目的是改变患者的不良行为。在治疗中，常常以阳性强化疗法和惩罚疗法来改变患者的行为方式，逐渐减少其不良行为。

2 家庭治疗——以家庭为核心

家庭治疗是一种以家庭为单位，运用系统观念来理解和干预家庭的心理治疗方法。家庭治疗聚焦家庭成员间的互动关系以及生活中需要改善的相处问题。

家庭治疗的核心理念：家庭是一个整体系统，要更有效、更快捷地缓解或消除家庭中某个成员的问题或症状，需要所有家庭成员共同参与、共同成长。

众多研究显示，家庭治疗在治疗 ODD 和 CD 的方法中比其他疗法更为有效，特别是对家庭问题较多的患者有更显著的效果。家庭治疗的目的是通过各种各样的方法改变患者的家庭功能结构，从而改变患者的行为。该治疗以所有家庭成员作为治疗对象，因此，疗效与家庭成员的合作程度有关。

（1）家庭功能治疗

从家庭功能的整体上来分析患者所处家庭的现存问题。此治疗的目的是增加家庭成员之间的直接交流和相互支持。

（2）父母管理训练

部分理论认为ODD和CD患者的父母无法注意到孩子的不当行为，更不会教导孩子采取适当行为，或者使用过度粗暴的惩罚来处理孩子的不当行为，日积月累，在不知不觉中一直强化孩子的不良行为。

通过父母管理培训，父母可以认识到适当和不当行为，提高其意识、理念处理能力。可训练父母以适当的方法与孩子进行交流，采用阳性强化的措施奖赏孩子的适当行为，从而发展孩子的亲社会行为，必要时父母可以采取一些轻微的惩罚措施来减少孩子的不良行为。本方法尤其适用于处理攻击性品行障碍患者的问题。

独角兽时间

亲子成长八步法

亲子成长八步法是由美国著名儿童心理学教授拉塞尔·A. 巴克利（Russell A. Barkley）设计的。此法基于行为治疗的理论，通过系统的表扬、奖励和温和的惩罚促进儿童消除不良行为，也适用于ODD、ADHD等疾病的行为治疗。

这套方案主要包括8个步骤，要求家长每

周完成一步，按顺序做，上一步成功后再做下一步，不可急于求成。

第一步：正确关注孩子。正面关注，对待孩子最好的方式就是关注和鼓励。家长要有选择性地对孩子的某些适当的行为给予关注。

第二步，用表扬促进和平与合作。这一步是指家长要给予孩子肯定、欣赏和表扬。孩子不论何时服从了要求，家长都要及时关注和表扬他。

第三步，当表扬无效时，家长可以通过适当的物质奖励，以增强孩子的服从行为。

第四步，使用温和的惩罚。当表扬和奖励无效时，家长还可以使用温和的惩罚措施，如取消特权或暂时离开。

第五步，把禁闭法用于其他不良行为。禁闭法使用有效的时候，家长可以将它应用到孩子1～2个不良行为上。

第六步，在公共场所照看孩子的方法。家长总结以往孩子在公共场所出现的问题行为，并制定规则，明确遵守规则的奖励和违反规则的惩罚。此外，家长还可以给孩子安排一些替代性任务，减少其不良行为。

第七步，请老师帮助孩子。

第八步，迈向光明的未来。持续使用上述方法解决新出现的问题，在孩子的问题行为改善后逐渐减少使用或停用上述方法，帮助其将良好行为转化为长久的日常习惯。

儿童 ODD 和 CD 的形成有较长时间的发展过程，尽管它们的产生具有生物性基础，但各种社会因素对疾病发展的影响更为明显。

对于此类疾病，预防重于治疗。因此，作为家长，我们要尽可能为孩子创造良好的家庭氛围，采用恰当的教育方式，尊重孩子的个性发展，同时要尽量避免孩子接触不良的社会因素，还应通过自身良好行为为孩子树立榜样，帮助孩子以正确的思想观念和认知模式规范个体行为，减少不良行为，从而降低疾病的发生概率，防患于未然。这真的非常重要！

第六章
抽动障碍（TD）与强迫症（OCD）：认知行为疗法与习惯逆转训练

这边孩子不停地眨眼、皱鼻、吸鼻子、清嗓子，爸爸则在旁边训斥道：“怎么那么多臭毛病，你要是再动一下，我就揍你！”

那边诊室里妈妈满脸愁容地说：“医生快给我们孩子看看吧，他肚子一鼓一鼓的，还耸肩，身体时不时会抽动一下……”

其实，孩子出现这些“小毛病”是因为抽动障碍在作祟。

生活中，我们总能遇到一些孩子或成人，有一些“小毛病”，如频繁眨眼、挤眉弄眼、不停地清嗓子、点头等。很多人误认为这只是“坏习惯”，实际在临床上我们把这类病症称为抽动障碍。

“妈妈，老师留的作业我写完了吗？”从下午放学到睡觉前，孩子已经问了妈妈很多次，并且反复检查作业，确认自己是否完成，即便如此，仍不能放心。

放学回家后，孩子反反复复洗手，洗完还怕擦脏了手，也不用毛巾，而是双手举高，自然风干；只要双手碰到其他物体，就必须再洗；甚至洗手过程中还要数数，如果中途被打断，则要重新洗手和数数。

遇到以上类似的情况，很多家长开始还能配合孩子

不停地确认。但是时间久了，家长的耐心消耗殆尽，甚至会因此责怪孩子。孩子则更加焦虑，症状频发。家长和孩子就在这个“反复的怪圈”里循环，非常痛苦。

此时，家长要警惕，孩子极有可能罹患了强迫症。

一、抽动障碍与强迫症

1 抽动障碍的概念及特征

抽动障碍是指以单一或多部位肌肉运动性抽动和（或）发声性抽动为特征的神经发育障碍性疾病。该病多在儿童和青少年时期起病，病程不一，可为短期，也可为长期。患者 8 ～ 12 岁时病情最重，此后病情的严重程度逐渐减轻。

在青春期后期或成年早期，超过 1/3 的患者不再抽动，少于 1/2 的患者仅有轻微的临床症状，无须临床关注，仅约 20%的患者持续具有中或重度抽动障碍。据报道，少于 5%的患者在成年早期经历了比儿童期更严重的抽动障碍发作。

2 强迫症的概念及特征

强迫症是儿童以强迫观念和强迫动作为主要症状，伴有焦虑情绪和适应困难的一种心理障碍疾病。患有强迫症的孩子会出现强迫观念、强迫情绪、强迫意向和强迫动作等症状。

二、治疗与干预

抽动障碍和强迫症都是儿童比较常见的疾病。治疗上可分为一般治疗、心理行为治疗和药物治疗。以下重点介绍干预中的认知行为疗法和习惯逆转训练。

1 认知行为疗法的定义和分类

（1）认知行为疗法的定义

认知行为疗法是以学习理论、认知理论为基础，在实证研究证据支持下，通过认知和行为理论及技术方法来改变个体歪曲认知和非适应性行为的一类心理疗法。

这是一种科学有效的心理治疗方法，具有短期、结构化和实用性强等特点，近年来被用于各类精神障碍的治疗，同时也在对子女行为习惯的培养、婚恋问题和学校教育等问题中广泛使用。

（2）认知行为疗法的分类

认知行为疗法是以目前问题为取向的、短程的、结构式的治疗方法，是在整合的认知行为理论指导下的心理治疗。其治疗技术有自身的特点，总体上讲，分为一般技术、认知技术和行为技术。其中，行为技术是认知行为疗法中行为干预的核心技术，主要包括在行为学习理论指导下针对焦虑、恐惧情绪和回避行为的暴露技术，放松训练，以及针对行为迟滞或减少的行为激活技术等。

2 习惯逆转训练——以治疗抽动障碍为例

习惯逆转训练是行为干预技术之一。关于习惯逆转训练疗效的研究表明，增强患儿对抽动的自我意识和引入正确的竞争性拮抗动作是该训练中最重要的组成部分。该方法也可用于其他相关行为问题的治疗。

习惯逆转训练主要包括 4 步，要循序渐进地完成。让我们一起来看看它是如何帮助患儿改善抽动症状的。

（1）第一步，增强患儿对抽动的自我意识

描述症状：当抽动发生时，让患儿自己对着镜子观察并描述抽动的症状。

发现症状：每逢抽动发生，均提醒患儿，反复至患儿可以自己意识到抽动的发生。

识别并描述抽动早期预警症状：帮助患儿发现在抽动发生前的预警症状。

描述抽动易发生场合：帮助患儿找到各种容易出现抽动的场合。

（2）第二步，引入正确的竞争性拮抗动作

这种竞争性拮抗动作需要与待矫正的抽动症状有拮抗作用，且需要骨骼肌等长收缩至少 3 分钟。

根据抽动症状的不同，可将对应的竞争性拮抗动作编排为一些舒缓的节律操，患儿可通过日常的节律操锻炼来克服抽动症状。对于清嗓子等与喉部发声有关的抽动症状，常通过放松性呼吸来加以拮抗。

（3）第三步，持续矫正

回顾抽动导致的后果：引导患儿回忆抽动症状带来的所有不良后果，使患儿有动力和决心消除症状。

社会支持：当抽动症状有所缓解时，家庭成员、老师和朋友都给予患儿鼓励和支持，以增强患儿信心。

适度的场景再现：在抽动症状被矫正后，让患儿参加曾经容易诱发抽动的社交活动，以证实患儿有能力克服抽动，进行正常社交活动。

（4）第四步，固化抽动的拮抗性行为，进行假想性演练

针对每一个容易发生抽动的场合，让患儿想象自己最初出现抽动时的情况，直至患儿均采用竞争性动作成功对抗抽动的发生。

独角兽时间

关于抽动障碍治疗的注意事项

★除药物治疗和心理治疗，社会支持对治疗儿童抽动障碍也格外重要。

★参与适当的体育运动，学习特别的才能（如弹乐器），以及保持良好的睡眠均有利于缓解抽动。

★没有具体的食物已被证明对缓解抽动症状有益，但建议避免摄入咖啡因，因为对一些儿童而言，这可能会加剧其抽动。

★是否开始治疗抽动障碍，应该取决于患儿症状的严重性，以及抽动症状本身对日常生活造成的干扰。通常情况下，轻症是可以自行缓解的。

【第三部分】

心·柳暗花遮

发育性障碍与治疗

第七章 孤独症谱系障碍（ASD）：早期干预与个性化教育计划

“来自星星的孩子，难道注定永远孤独？”

“在人生绚丽的舞台上，他们只能抱着自己，形单影只地蜷缩在帷幕之后？”

随着越来越多的人了解孤独症谱系障碍（ASD），患有ASD的孩子开始被公众关注。这是一种神经发育性障碍，主要表现为社交沟通障碍、兴趣范围狭窄和重复刻板的行为。

误解在一点点消失，真相也逐渐被揭露——ASD会严重影响患儿的社会功能，早发现、早诊断、早干预对改善患儿的预后具有非常重要的意义。

和既往的雾里看花不同，随着医学和心理学研究的深入，早期干预和个性化教育已被证实是改善患儿生活质量、提高患儿社会适应能力的关键手段。

下面就让我们一起搭建灯塔，为在心海中漂泊的孩子照亮前进的方向。

一、识别与干预

1 早期干预至关重要

人类大脑在年龄越小的阶段可塑性越强。

对 ASD 患儿而言，早期干预（通常指 3 岁前）可以借助科学训练重塑神经回路，弥补发育缺陷。

通常来说，患儿 2 岁前可在专业人员的指导下进行家庭干预；2 岁后则需医院、专业机构与家庭共同参与进行综合系统干预。

2 早期识别的预警信号

父母和主要照顾者需警惕 ASD 患儿的早期表现（1—3 岁阶段），表现具体如下：

缺乏眼神交流或面部表情；

对呼唤名字无反应；

语言发育迟缓（如 2 岁仍无法说出有意义的词汇）；

对同龄儿童缺乏兴趣；

重复摆弄物体（如排列玩具车、旋转轮子）。

若发现孩子有上述表现，建议家长尽快咨询专科医生，带孩子到专业医疗机构进行诊断。

二、治疗 ASD 的核心策略

1 科学选择有效方法

ASD 早期干预的核心策略就是选用科学有效的治疗方法。

目前有多种治疗方法被用于 ASD 的治疗，但许多方法尚缺乏循证医学证据。因此，在进行干预治疗前，应充分了解各种治疗方法，选择具有良好循证医学证据的方法进行干预。

2 强调个性化的综合治疗

好的干预模式一定采用个体化综合治疗方案。

由于多数 ASD 患者存在广泛发育落后，且共患情绪行为问题及其他精神障碍的风险较高，加之每个患者的情况各有不同、症状差异大，所以需根据患者具体情况，包括认知水平、行为特点及家庭需求，制定个体化治疗方案，同时需结合行为疗法、教育支持、家庭参与等多维度干预策略。

独角兽时间

★ 专业干预

在当前ASD的病因机制还未完全阐明、生物技术治疗手段不足的情况下，教育以及行为途径的干预训练依然是ASD最主要的干预治疗措施。

现阶段，循证医学证据比较充分的一种是以应用行为分析法（ABA）和孤独症结构化训练方法（TEACCH）为代表的引导式训练范式；另一种是自然发展行为干预，如早期介入的丹佛模式、ImPACT项目、关键反应训练等。

★ 干预的目标

干预的目标涉及模仿技能、沟通技能、高级认知功能、人际交往能力、学习的准备技能、动作技能、个人自理及自立能力、个人游戏能力和自我调节能力。另外，越来越多的循证支持家庭参与。

三、实用性干预措施

1 行为干预疗法

应用行为分析：通过正向强化和任务分解，帮助患者学习技能，减少问题行为。

社交技能训练：帮助患者学会与他人互动，建立友谊。通过模拟社交场景，让孩子在实践中逐渐提高社交能力。

ImPACT 项目：是一种针对孤独症谱系障碍儿童的综合性干预项目，强调家庭和学校的参与，注重个体化治疗和长期跟踪。

2 教育支持

结构化教学：利用视觉提示（如时间表、任务卡）建立规律性，减少焦虑。

融合教育：在普通学校提供特教支持，促进 ASD 患者与同龄人一同成长。

3 药物干预

药物对症治疗：现阶段针对 ASD 虽无特效药，但可通过药物治疗缓解共病症状（如多动、焦虑等）。注意：药物需在医生指导下使用。

4 前沿探索

新兴技术，如虚拟现实（VR）模拟社交场景，AI 辅助诊断和制订个性化干预方案。

5 家庭参与

家庭的支持和参与在 ASD 患者的干预中必不可少。甚至从某些角度来看，家庭参与是干预成功的关键条件，因为家庭是 ASD 患者最重要的支持系统。

家长需要学习疾病知识，理解患者的症状；对所需的医疗、康复服务有较充分的了解；能正确寻求资源对孩子进行治疗和训练；形成相对客观的预期。

家长需要学习科学的干预训练方法；掌握教育训练及行为矫正的基本方法；营造结构化环境；能够与医生、老师较好地配合，让孩子在家庭中也能得到教育训练和行为治疗。

家长需要与医生、训练机构老师、学校保持协作关系，定期诉说儿童表现，四方统一制订干预策略。

6 坚持长期干预

ASD 是一种长期慢性，甚至持续终身的疾病，因此长期的、持之以恒的干预是治疗的重中之重，目的是持续促进患者能力的发展，改善其社会功能和适应能力，减轻家庭负担，提高患者及其家庭的生活质量。

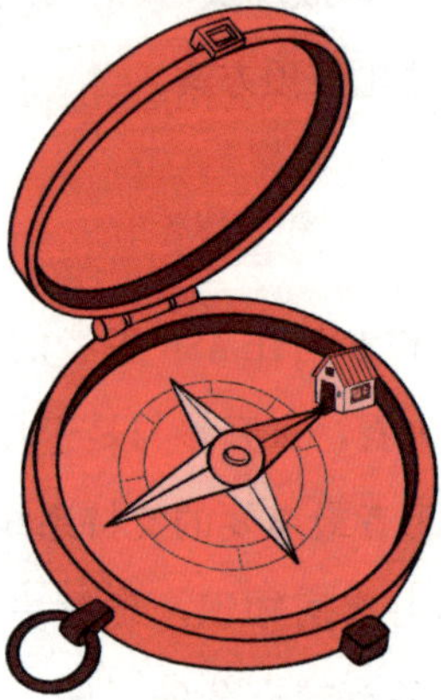

星星与地球之间的距离以光年丈量。

可见，对孤独症谱系障碍的干预是一段需要耐心与科学指引的漫长航程。

尽管挑战不断、困难重重，但我们仍要相信，通过医学、教育、社会的共同努力，ASD 患者也可以在支持性环境中发挥潜能，拥抱有尊严的人生。

浩瀚宇宙的星际航行，势必要以爱为罗盘，以家为锚点，让我们全力以赴，将在孤独症谱系障碍星河中独自闪烁的孩子，接回地球上充满爱和温暖的家。

第八章
学习障碍：特殊教育服务与补救教学

“什么？达·芬奇有阅读障碍？安徒生也如此？”

是的，但这并未影响他们日后成为享誉中外的大师！

学习并非人类所特有的能力，但绝对是个人能不断提高的关键。

偏偏有些孩子在学习上遭遇了“滑铁卢”——陷入学习障碍的泥潭。要知道，学习障碍（LD）并非智力缺陷，也不是学习态度问题，而是发生在儿童身上的一种神经发育障碍性疾病。

过去，人们对学习障碍有诸多误解，甚至将其与“懒惰”“愚笨”挂钩。如今，随着神经科学和教育心理学的进步，我们不仅确认了学习障碍的存在，更认定学习障碍为一种可通过科学干预改善的神经多样性特征。

因此，LD 患者可能一时半会儿“学不会”，但如果“用对方法”，也是可以取得进步的。让我们从科学的视角探讨该如何通过特殊教育服务与补救教学去帮助这些孩子突破困境，重新赢得属于自己的辉煌人生。

一、学习障碍的定义

学习障碍是一种神经发育性障碍，表现为个体在特定学习领域（如阅读、书写、数学）存在持续性困难，且这种困难并非由智力缺陷、感觉损害（听觉或视觉损害）、神经系统障碍或运动障碍，以及教育缺失或外部环境所导致。

学习障碍的症状，一般在患者进入小学学习阶段时开始显现。

二、学习障碍的识别

1 核心特征

特异性：仅在特定领域（如阅读、书写、数学）存在困难，其他方面正常。

持续性：干预不足时，症状可能从幼年持续至成年。

非外因性：排除视力损伤、听力损伤、神经系统障碍、运动障碍及文化教育剥夺的影响。

2 常见类型

阅读障碍：阅读的准确性、流畅性和理解能力差，表现为难以准确识别文字，阅读速度慢、跳行漏字、理解困难。

书写障碍：书写时字形扭曲、字间距混乱，或无法将思维转化为书面表达。

数学障碍：难以理解数字符号、记忆数学规则或进行逻辑推理。

3 早期预警

学龄前期：语言发育迟缓，精细运动技能差，不能书写自己的名字，数数困难，对语言游戏不感兴趣，如难以记忆儿歌。

小学低年级：拼音混淆，抄写速度极慢，拒绝完成作业。

三、学习障碍的干预

1 科学干预的第一步——评估与诊断

学习障碍的确诊需通过多维度评估，包括神经心理学测试、教育评估和医学检查。

神经心理学测试：评估智力、记忆力、注意力、信息处理速度等认知功能。

教育评估：分析学业表现与潜在能力之间的差距。

医学检查：排除听力、视力问题或其他神经系统疾病。

独角兽时间

★ 干预策略

干预应以接纳、理解、支持和鼓励为主，改善学习障碍患者不良的自我意识，增强其自信心和学习动机。

★ 干预原则

全面和差异化：采用综合方法解决学习障碍的多方面问题，包括培养需要熟练掌握的技能和减少并发症。综合干预通常在阅读和数学学习等单独的技能培训上更有效。

☼ 个体化：在综合干预的背景下针对患者的特定弱点调整干预重点，如根据需要调整强度、增加教学时间、减少小组规模和增加个性化等。

☼ 早干预：尽早干预，因为越早干预效果越好。

2 重建学习通路——特殊教育服务和补救教学

迄今应用于学习障碍的治疗方法有多种，但公认的有效方法主要是综合特殊教育、精神（心理）疗法和药物治疗的方法。

特殊教育应侧重：通过多种途径针对性地教授患者一些技巧；教授一些补偿策略，提高患者承受能力；调整环境，提高患者适应能力；进行学校咨询和必要的课程修改。

（1）特殊教育体系的常规程序

制订个别教育计划、进行个别指导、在普通学校建立特殊教育班级，进行有关时间概念的教育训练，进行中期效果评估，等等。

（2）具体矫治方法

感觉统合疗法。

☼ 行为疗法。

☼ 正负强化。

☼ 游戏疗法。

☼ 社会技能训练。

☼ 理解规则训练。

☼ 结构化教育训练。

☼ 手眼协调训练，如划消实验、触觉辨认训练、运动训练等。

☼ 视觉分析训练，如重叠结构辨认、方向辨认训练等。

☼ 结构化训练，如感知觉训练、书写训练、注意力（自控）训练等。

（3）药物治疗

目前尚无特效药，伴注意缺陷多动障碍者可配合药物治疗。

（4）家庭与社会支持

☼ 家庭角色：

避免指责，关注孩子的努力过程而非结果；

采用“小步渐进”原则，将任务总目标拆解为可完成的子目标；

建立规律的学习节奏，避免过度疲劳；

与医生、学校老师定期沟通，协同调整干预方案。

☼ 社会支持：消除偏见，构建包容环境。

四、学习障碍的误区与真相

1 误区 1：“长大后自然就好了。”

真相：未经干预的学习障碍可能延续至成年，及时治疗可改善患者的功能。

2 误区 2：“药物治疗是核心。”

真相：目前尚无直接用于治疗学习障碍的药物，共患 ADHD 或焦虑障碍时可配合药物治疗。

学习障碍者的教育支持，本质上是将“标准化教育”转化为“适配式教育”。

科学的特殊教育服务与补救教学不仅能弥补 LD 患者

的短板，更能发掘其独特的认知天赋——或许今天的阅读障碍者，正是未来的艺术大师；曾经的数学障碍生，也能成为洞察人性的文学家。

教育的终极意义，在于让每个孩子都能绽放其独特的光芒。让我们以科学为灯，照亮每个孩子与众不同的学习之路。

第九章
特定语言障碍：语言疗法与沟通策略

人有人言，兽有兽语。

人类的语言表达，时而富有情感，时而充满智慧，优美且实用。但语言这种人们习以为常的重要沟通工具，并非所有人都能轻松掌握。

存在特定语言障碍的儿童语言发展显著落后于同龄人，主要表现为语言理解和表达能力的显著缺陷，这类缺陷使得他们的沟通频频受挫。

如何帮助他们突破语言障碍？科学的语言训练与日常沟通策略至关重要。

一、语言发展的正常进程

语言的发展要经历语言准备期和语言发展期两个阶段。

1 0—1岁——语言准备期

☼ 出生不到10天：宝宝就能区分人声和其他声音，并做出不同的反应。

☼ 2—3月龄：能在表达积极状态时发出声音，如舒服、高兴时会发声，被逗笑时发出“啊”“哦”“噢”等。

☼ 5个月左右：进入牙牙学语阶段，发出如“ba-ba-ba”“ma-ma-ma”等类似于“爸”“妈”的音。

☼ 7—12个月：开始理解词语的含义，能听懂成人的一些话，并做出相应的反应。

2 从1岁左右讲出有意义的词开始——语言发展期

☼ 1岁以后：能发出的有意义的音节增多，无意义的音节减少。说出第一个词后，其词汇量逐渐增多。

☼ 1.5—2岁：可以使用词组了，2岁以后宝宝的词汇量急剧增长。

☼ 2—3岁：能讲出简单的句子。

☼ 4—5岁：能掌握语法规则。

独角兽时间

语言异常的早期信号

如果宝宝——

☼3 月龄：对很大的声音没有反应。

☼6 月龄：发音少，不会笑出声。

☼8 月龄：听到声音无应答。

☼12 月龄：被呼唤名字无反应。

☼1.5 岁：不会有意识地叫“爸爸”和“妈妈”。

☼2 岁：词汇量少于 30 个。

☼2 岁半：无法说出 2～3 个字的短语。

☼3 岁：不会说自己的名字，词汇少于 50 个或发音不清等。

注意：凡是在对应的年龄阶段，宝宝出现上述情况，提示可能存在语言发育迟缓的问题，请及时咨询医生。

二、特定语言障碍的定义

特定语言障碍起病于发育期，表现为发音、语言理解或语言表达能力的习得延迟和异常，其他认知功能（如智力、社交动机）正常。

1 常见表现——语言的接受和表达障碍

患者的语言表达水平明显落后于同龄儿童，但其他方面的表现是正常的。

词汇贫乏：难以掌握新词汇，表达时用词单一。

语法混乱：使用错误的句子结构（如“我吃饭了昨天”）。

理解困难：无法听懂复杂指令或抽象概念。

叙事能力弱：难以讲述故事或描述事件。

2 干预策略——语言疗法及日常沟通策略

（1）语言疗法——重建沟通的桥梁

语言疗法由专业言语治疗师主导，针对具体的缺陷（如词汇、语法、叙事能力）展开。

研究表明，儿童在社会环境中接受训练的效果更佳。目前大多数治疗已经从明确的训练模式转向基于社会学习理论的治疗模式，即成人处于儿童的环境中，积极促进亲子互动，为儿童创造最佳的沟通环境，同时使用游戏来增强泛化的行为，并辅之以强化奖励的治疗模式。

(2) 日常沟通策略——家庭与社会的支持

除了接受专业治疗师提供的治疗方案，孩子所处的家庭沟通环境对其症状的缓解也至关重要。

☼ 简化语言，放慢语速：父母尽量使用简单的词汇、短句，并搭配手势或图片辅助孩子理解。例如，说“拿杯子”时，同时指向实物。

☼ 创设丰富的语言环境：日常活动中渗透语言学习，如父母在做饭时描述制作步骤（“切菜”“倒牛奶”），在散步时与孩子讨论所见到的事物。

☼ 积极倾听与等待：父母应给予孩子足够的反应时间，避免打断或替其完成句子，可通过点头、重复关键词（如“你在说动物园吗？”）鼓励孩子表达。

☼ 正向反馈：即使孩子的表达不完美，父母也应优先肯定其沟通意愿，例如：“你刚才用手指书，你是想读故事吗？”

特定语言障碍并非不可逾越的鸿沟，通过科学的语言疗法、家庭支持与社会包容，孩子能够逐步掌握沟通技能，融入学习生活。更重要的是，我们需要意识到——孩子的语言表达形式虽有差异，但每一份表达意图都值得被全心接纳。

唯有如此，那久违的纯真笑容才会在孩子不谙世事、纯洁的脸上重新绽放。

【第四部分】

心·遮风挡雨

特殊情境下的心理支持

第十章 创伤后应激障碍（PTSD）：心理支持与暴露疗法

“呜呜呜，学校考试都让我‘PTSD’了，好紧张！”

“医生，辅导孩子功课太累了，我都快‘PTSD’了……”

“PTSD”？“PTSD”！

在电影中，我们可能听到过这个词。

在日常生活中，我们也能听到身边的人说这个词。

如今，在经历了不愉快的事件后，大家常常会用这个词来表达心里的感受。

那究竟什么是“PTSD”呢？

倘若真得了“PTSD”，我们该怎么办？

一、创伤后应激障碍的表现

创伤后应激障碍（Post-Traumatic Stress Disorder，PTSD），是指个体经历一个或多个极端威胁或恐怖事件后，出现的延迟发生且长期持续存在的精神障碍。

作为精神心理疾病，PTSD 表现为以下 3 个方面。

1 创伤经历的再体验

患者可能会出现如下症状：生动的闯入性记忆或影像；闪回，可从轻度（短暂感到创伤性事件在当下再次发生）到重度（完全丧失对目前环境的意识）不等；反复出现的与创伤性事件相关的梦或梦魇……

患者在经历创伤性事件以多种形式再现的同时，通常会伴有强烈的、压倒性的恐惧情绪及强烈的躯体感觉。

可能引发 PTSD 的场景——地震。

遭遇地震后获救的小朋友在睡觉时总会反复梦到地震的过程，或是在白天清醒状态时想起地震的情形，为此感到极度痛苦和焦躁，甚至出现心跳加快、大汗淋漓、夜间惊醒哭喊等症状。

2 回避行为

患者可能会出现如下症状：回避思考或回忆创伤事

件；回避会使其想起创伤事件的活动、情境或人物。

可能引发 PTSD 的场景——被同伴欺凌。

遭受同伴欺凌的小朋友，会有意识或无意识地回避与欺凌事件相关的人、地点或情景，甚至出现疏远人群、回避社交、不想上学、不想出门等行为，试图以此来减轻相应的痛苦和恐惧。

3 持续感受到过高的威胁

患者可能会在听到突发的响声时表现出强烈的惊跳反应。

可能引发 PTSD 的场景——目睹暴力事件。

目睹过暴力事件的小朋友，会出现对外界刺激异常敏感、反应过度、暴躁易怒等情况，还可能伴有入睡困难、睡眠浅等症状。

独角兽时间

除以上 3 大表现，PTSD 患者还可出现以下症状。

持续的负面情绪，如广泛性焦虑、分离症

状、自杀观念和行为、社交退缩、愤怒、羞耻、屈辱、内疚、兴趣减退等。

特别提示：儿童青少年的症状与其年龄存在相关性。

学龄前儿童：常表现为急躁、呆滞、睡眠失调、畏惧黑夜、黏人等。

学龄期儿童：表现为拒绝上学、在家或在校出现攻击行为、在同伴中退缩、注意力下降、胃痛、头痛、怕黑、黏人等。

青少年期：表现为自伤行为、自杀意念、行为问题、分离症状、丧失现实感、物质滥用等。

若孩子存在上述症状且持续数周，多数超过 1 个月，并导致个人、家庭、社交、学业或其他重要领域功能明显受损，就要高度怀疑孩子患有 PTSD。

二、创伤后应激障碍的发病和发病机制

PTSD 的病因较为复杂，涉及多种因素：异乎寻常的应激性事件（必要条件），一定的遗传因素，神经内分

泌因素，心理学因素，等等。

上述因素均不是单独存在的。

1 异乎寻常的应激性事件

（1）日常生活事件

刚入园或入学、考试失败、与亲人分离、搬迁、住院、家庭矛盾、情感忽视等。

（2）强烈威胁人身安全的创伤性事件

重大灾难、暴力伤害等。

这些事件中的小朋友可能直接受到了躯体伤害或人身威胁，也可能是目击者或事件卷入者。人们常说“时间可以治愈一切”，但有些导致 PTSD 的创伤则随着时间的流逝不断复现，患有 PTSD 的小朋友会长期处于过去的痛苦中。

2 一定的遗传因素

为什么遭遇同样的事件，有的小朋友不受影响，有的小朋友却可能会患 PTSD 呢？

这是因为 PTSD 具有一定的遗传性，携带易感基因的小朋友即便遇到较低强度的应激事件，也可能患上 PTSD。

3 神经内分泌因素

科学研究证明，神经内分泌系统中的促肾上腺皮质激素释放激素、糖皮质激素等，均与 PTSD 的发病密切相关。

4 心理学因素

人格特征、认知模式、社会支持、社会文化因素、气质与神经类型等均与 PTSD 的发病密切相关。如内向性格的个体经历创伤事件后患 PTSD 的可能性较大；个体的认知结构、创伤记忆的重组均影响其对创伤事件的评价；社会支持满意度越高，PTSD 发生概率越小。

社会文化背景、经济状态、医疗卫生条件、地区冲突等均影响 PTSD 的发病率。

年龄、性别、精神心理疾病史、既往的创伤性经历等也与 PTSD 的发病密切相关。

三、创伤后应激障碍的治疗

治疗 PTSD 的主要目的是缓解核心症状、减轻应激反应、减少无助感、降低并发症风险，并最终提高患者生活质量。

治疗方法包括心理支持、心理治疗等。

1 心理支持

心理支持在缓解小朋友的 PTSD 症状中尤为重要。

爸爸妈妈首先要倾听小朋友的感受，尊重他们的需求，鼓励小朋友积极参加治疗和康复活动，给予小朋友足够的关爱和支持。同时，爸爸妈妈还要在专业医生的指导下帮助小朋友调适情绪，如进行呼吸放松、听舒缓的音乐、户外散步、冥想、转移注意力等。

2 心理治疗

常用的 PTSD 心理治疗方法包括认知行为疗法、暴露疗法、叙事暴露疗法、系统脱敏、眼动脱敏与再加工、家庭治疗、人本主义疗法等。

下面着重讲解暴露疗法。

（1）暴露及暴露疗法的定义

暴露：指的是个体直面让其感到恐惧或焦虑的场所

或情境。

暴露疗法：是在各种不同的刺激情境下（真实情境或想象情境），患者逐渐耐受并适应的一种治疗方法。

（2）暴露疗法的基本原理

暴露疗法是在安全或受控的环境中引起个体恐惧和焦虑，以使患者重新评估和改变对恐惧和焦虑事件的反应，可改变临床症状，阻止病情迁延，有助于患者心理成长。

常见类型包括：情境暴露、想象暴露、虚拟现实暴露疗法（VR 技术暴露疗法）。

☼ 情境暴露疗法——在刺激事件的真实环境中进行的治疗。

心理治疗师会与患者一起制订逐级暴露的计划，从较低程度的恐惧开始增加暴露强度，以帮助其适应和控制自己的恐惧或焦虑反应。

☼ 想象暴露——在舒适、安全的环境中进行的治疗。

患者先想象或回忆引起焦虑的情景或刺激物，再通过详细描述感受到的情绪和身体反应，以此逐步减弱对相应情境的不适反应。

☼ 虚拟现实暴露疗法——在借助虚拟现实技术（VR 技术）创造的可视化模拟场景中进行的治疗。

此法的优势为可不受物理位置限制，使用方便，能减小患者逃避治疗的可能性；可以突破既有的物理和思维限制，直接将刺激物呈现在患者眼前；可以自由设定场景、观众人数、动作和表情等参数，实现逐级暴露。

此法的缺点为虚拟的真实画面与肉眼直接见到的真实景象不同。VR 设备可能会让使用者产生眩晕症状（3D 眩晕症）。但 3D 眩晕症通常是暂时性的，并非不可恢复，且其症状严重程度与设备功能相关。

独角兽时间

出镜： 明明

年龄： 12 岁

表现： 总是早上哭闹说肚子疼，不想上学。

就医： 妈妈带明明去医院做了各种检查，没有发现异常，为此明明请假在家休息了 1 个月。但在家中，明明总是自己坐在书桌前发呆，不愿意出门玩。只要家人提到“上学”，明明就会坐立不安。晚上不敢独自睡觉，家里只要没有大人在就会哭喊。

拟诊： PTSD。

妈妈带明明去心理科就诊，在医生的单独

详细询问下，明明说出了在学校里被几个男同学欺负的事情。其他同学不敢和他说话，他自己也不敢和老师、家长说明情况。妈妈反映，明明平时比较胆小内向，不怎么和家人分享日常心情。

治疗：心理支持和想象暴露疗法。

预后：在医生和老师的帮助下，明明重新返回校园。

奥地利心理学家阿德勒曾说："幸福的人用童年治愈一生，不幸的人用一生治愈童年。"是的，刺激事件引起儿童患 PTSD 后，若处理不当，其影响可能伴随孩子数年、数十年，甚至一生。如果能够及时通过科学手段干预和治疗，那创伤也可能成为促进孩子成长和变得更加强大的因素，帮助孩子更好地去应对已经遇到或将来可能遇到的风风雨雨。

第十一章
家庭变故与丧失：哀伤辅导与心理调适

从某种意义上讲，人生就是一场漫长的告别。

身边的人，从陌生到熟悉，来了又走，大家仿佛都坐在单程列车上。

有的人沉浸于车窗外的风景，有的人更愿意和身边的人互动。

当喜欢的人提前下车，我们难免伤感。

“我们还会再相遇吗？”

“也许再也见不到了吧？”

在这趟人生之旅中，家人始终陪伴我们左右，是我们亲密的旅伴，因此，家庭成了每个人最坚强的情感支撑。

良好的家庭环境能让我们在面对生命中的挑战时更有勇气和力量，更能妥善应对所面临的各种变化和大小挫折。

常言道“家家有本难念的经”，若遇到家庭变故，孩子又该如何自处呢？

一、儿童家庭的变故与适应

1 变故——幸运或不幸

在孩子成长过程中，其家庭环境很可能会因为各种原因发生这样或那样的变化。

比起幸福、快乐的感觉，那些“不良”“负面”的变化往往更容易令孩子印象深刻，比如父母的争吵、离婚、家庭暴力行为等，再比如家人生病、亲人离世等。

还有一些是相对“中性”的变化，如儿童留守，以及一些本应是“正向”的，但处理不好也会产生负面影响的变化，如家庭重组、父母有了“二孩”“三孩”等。

2 适应——暴露或潜伏

当应对这些家庭变化时，家长可能会只顾着调适自己的情绪波动，而忽视了孩子的心理变化。也有部分家长认为孩子年龄小，无法意识到家庭的变化，还不具备感知事物悲喜的能力，进而对他们缺乏关心。

但实际上，孩子对周围环境的变化非常敏感。孩子会因为想象力丰富而对情境的变化更加恐惧，自我调节负面情绪时更加无助。若不及时正确处理孩子的负面情绪，这将影响其成年期的性格和行为。精神分析理论认为，人童年时期的创伤将潜伏于潜意识中，并影响其整体人格发展。

二、儿童表现消极情绪

1 情绪——疏解或存续

当失去所拥有的重要的、幸福的、熟悉的人或事物时，我们会出现失落和空虚感，这是人之常情。我们还可能出现剧烈的悲伤、愤怒、愧疚、孤独、无助、否认事实、逃避等负面情绪，严重程度因人而异。

不同年龄段的儿童面对家庭变故或丧失事件的表现并不相同。若处理及时且得当，负面情绪会随着时间的流逝逐渐消退；反之，长期存在的负面情绪很可能会诱发多种疾病，如延长哀伤障碍、焦虑障碍、抑郁障碍等。

2 年龄——表达或隐藏

学龄前儿童的负面情绪反应通常是直接的，如哭泣、尖叫、拒食、发脾气、咬人或者做出破坏性行为。

学龄期儿童如有消极情绪，则可能会有过度依赖抚养者、害怕社交、怕黑、黏人、尿床、咬手指甲或含手指、拒绝上学等行为。

青春期儿童更能理解家庭变化或丧失事件，但他们在面对这类事情时仍会感到无助，甚至否定内在的悲伤情绪，逃避事件，隐藏负面情绪，其日常生活和学习均会受到影响。

三、哀伤辅导与心理调适

应对负面情绪最有效的方法就是哀伤辅导与心理调适。

1 哀伤辅导

哀伤辅导是一种心理治疗方法，强调在悲痛面前，不能沉溺于痛苦中，鼓励人们告别过去，通过哭泣等方式发泄情感，消除负面情绪，接纳失落的事实，进而学会处理已有的或潜在的情感，克服困难，找到生命的意义。

（1）情绪释放

鼓励个体表达内心的感受和情绪，可以通过诉说、哭泣、喊叫等方式宣泄情绪，以减轻心理压力。

（2）回忆与告别

引导个体或团体回忆过去的美好时光，用仪式进行

心理告别，如绘画、折星星或千纸鹤、写告别信等，以便个体或团体接纳现实继续前行。

（3）建立支持系统

建立由家人、朋友和专业医生组成的支持性社交网络，以便个体在需要时及时获得支持和帮助。

（4）理性情绪疗法

在心理咨询师的帮助下，通过对不合理的认知和信念进行质疑和改变，个体能回归理性认知，提高情绪控制力。

（5）寻找意义

由心理咨询师帮助个体从变故与失去的经历中寻找意义，以此为契机实现自我成长。

2 心理调适

作为家长，爸爸妈妈在经历变故或丧失事件后，首先要照顾好自己，做好个人心理调适，允许自己宣泄和表达负面情绪，其次要帮助孩子积极面对哀伤。

（1）耐心倾听

家长在帮助孩子进行心理调适时，首先要做到耐心倾听，理解孩子语言中传达的信息，然后可以通过拥抱、抚摸等肢体语言向孩子表达关爱。

（2）有效交流，质朴沟通

家长要选择合适的时间，用温和且真诚的话语直接告知孩子家庭变故与丧失，尽量避免逃避和沉默。应避免用美化、模糊的言语描述，因为非正面的回答会让孩子感到疑惑、慌乱和恐惧。

（3）多途径表达

家长应鼓励孩子宣泄情绪（如通过运动、绘画、游戏等），与同伴社交，同时配以哀伤辅导，寻找专业人员帮助。

（4）以不“见”应万变

保持孩子生活的稳定和规律，减少孩子额外接触外界压力性事件，避免孩子过度卷入家庭变故。

（5）陪伴左右

对于面临亲人离世的儿童，家长可以陪同孩子进行疗愈性活动。一起阅读关于死亡教育的绘本，如《活了100万次的猫》《小伤疤》《也许死亡就像毛毛虫变成蝴蝶》《外婆住在香水村》等；一起观看关于死亡教育的电影，如《寻梦环游记》，让孩子在温馨的讲述中感受生命逝去的必然性。

独角兽时间

出镜小朋友： 小新

性别： 男

年龄： 14 岁

因学习成绩下降明显而就诊。

询问病史： 近期成绩下降明显。爸爸妈妈反映，小新以前活泼、有热情、喜欢交朋友，但近半年变得格外沉默，总喜欢把自己一个人关在房间里，不愿出门。小新的班主任反映，最近一个学期，小新上课注意力不集中，经常发呆，偶尔还会睡觉，课间休息时也不和同学玩耍。老师私下询问情况时，小新低着头不说话。

体格和神经系统检查：未见异常。

韦氏智测：正常。

在医生耐心地询问后，小新吐露心声。原来小新在父母的房间里发现了妈妈在多家医院的检查单，妈妈患有ⅢA期乳腺癌。查询网络后，小新对乳腺疾病有了很深入的了解。小新流着眼泪说道："我不知道未来该怎么办，明天妈妈还会像今天这样笑着问我想吃什么吗？爸爸妈妈特意瞒着我，装作无事的样子，我很难受。"

后续：世事无常，小新和爸爸妈妈在医生的建议下，接受了心理治疗。

家庭变故和丧失是每个人生命中的痛，无法逃避。

人生哪得尽坦途，面对痛苦，我们可以自己选择想拥有的人生——沉湎其中，于事无补；直面困难，汲取力量；珍惜当下，不留遗憾。

请记得，"宝剑锋从磨砺出，梅花香自苦寒来"。

第十二章
身体疾病与心理反应：整合医疗与心理支持

身与心的映射就像是在照镜子，身体的疾病与心理因素密不可分。

中医经典名著《黄帝内经》指出“百病生于气”，而这“气”指的就是七情（喜、怒、忧、思、悲、恐、惊）失调。可见，人的心理情绪活动会影响疾病的发生与发展。

到了20世纪30年代，欧美的医学专家又提出了“心身疾病”的概念。心身疾病指的是心理社会因素起着重要致病作用的躯体器官病变或功能障碍。

在这身心镜像的世界里，我们如何才能维持淡如菊、心如止水的状态呢？

一、身体疾病与心理反应

身体疾病与心理反应之间存在双向影响机制。即身体疾病会导致负面心理反应，进而可能引发精神心理疾病；而负面的心理情绪反应又会导致躯体疾病的发生和发展。

1 雾里看花·身体疾病导致的心理反应

当出现身体疾病后，无论是急性还是慢性疾病，个体通常会有震惊、否认、愤怒、平静接受、焦虑、自卑、孤独、紧张、恐惧等复杂的心理情绪反应。

疾病在带来身体疼痛、功能受限、身形改变、环境改变的同时，还会让患病个体因担心疾病的治疗、预后、长远的生活方式改变、疾病的管理等而承受巨大的心理压力。

大家都很熟悉的世界名著《老人与海》，主要表达了无论遇到什么困难和挑战，都要勇敢奋斗与坚持的决心，彰显了绝不向命运低头、永不服输、积极向上的乐观人生态度。

遗憾的是，这本书的作者、诺贝尔文学奖获得者海明威，晚年身体出现高血压、糖尿病等疾病，身体的病痛让他长期处于情绪低落、焦虑和烦躁中，结果他出现了精神心理疾病，最终用猎枪结束了自己的一生。

2 水中望月·心理反应造成的身体疾病

心理情绪反应是人对外界事物的感知。现代社会环境变化大，生活节奏快，人们或多或少都受到“压力山大”的困扰。

人们普遍认为小朋友的生活很简单，但即便只是面临着学业的负担、人际关系等问题，他们也会因为年龄较小，处理焦虑、紧张等负面情绪的能力有限，而出现身体免疫系统受抑制、内分泌与胃肠道功能紊乱等症状。

中医的“情志”学说早就告诫我们，心理失衡会导致脏腑气机失常，如怒则气上，多伤肝；喜则气缓，多伤心；悲则气消，多伤肺；思则气结，多伤脾。

如《红楼梦》中的林黛玉，“闲静时如姣花照水，行动处似弱柳扶风。心较比干多一

窍，病如西子胜三分”。这样的容貌与人品，却因“一年三百六十日，风刀霜剑严相逼”，终日以泪洗面，泪尽而亡。这一人物的悲惨结局恰恰佐证了心理情绪反应对身体的巨大影响。

二、心身疾病与全面支持

人的成长过程中，生病是难免的。

面对遭遇心身疾病的孩子，爸爸妈妈会格外揪心。尤其是那些经历反复突围却依旧陷入困境的孩子，则更加痛苦和无助。

1 盘点·影响身心因素的系统

孩子在出现身体疾病后，不仅要忍受身体的不舒适感，还要面临对陌生医疗环境的恐惧、对疾病的担忧和害怕、对特殊照顾的害羞、对父母的过度依赖、对学业落后的担忧、对疾病暴露可能影响同伴交往的不安等。

☼ 神经系统：睡眠障碍、偏头痛、自主神经功能失调等。

☼ 心血管系统：心律失常、原发性高血压、心绞痛等。

☼ 呼吸系统：过度换气综合征、支气管哮喘、神经性咳嗽等。

☼ 消化系统：慢性胃炎、神经性呕吐、神经性厌食等。

☼ 内分泌与生殖系统：甲状腺功能异常、肥胖症、经前期紧张综合征、月经紊乱等。

☼ 泌尿系统：遗尿症、刺激性膀胱炎、精神性尿频症等。

☼ 其他：神经性皮炎、压力性荨麻疹、肌肉痉挛、牙周炎、咽部异物感等。

2 曙光·整合医疗与心理支持

身体疾病与心理反应密切相关，因此在孩子接受治疗时，要坚持身心同治的原则。即在身体疾病治疗的基础上加以心理治疗。临床科室相互合作，提供针对个体的特色治疗方案，包括药物治疗、物理治疗和心理治疗。因此，家长的全面支持显得尤为重要。

（1）情感支持

孩子生病后，爸爸妈妈首先要保持冷静，给孩子安全感，耐心倾听孩子的内心需求，通过肢体和言语表达给予孩子无条件的爱与支持。

（2）信息沟通

爸爸妈妈要用平静且温和的语言向孩子解释病情，用简单易懂的语言正面回答孩子的疑问，帮助孩子正确认识和面对疾病。

（3）规律生活

尽量保持孩子的规律生活，依据孩子的病情提供营养食物和休息环境。在医生允许的范围内，鼓励孩子适当运动。同时，还应避免过度照顾和管理孩子。

（4）专业帮助

孩子在病程中或康复期出现异常的情绪或行为变化，甚至性格有所变化，都需要及时就医。爸爸妈妈应为孩子寻求专业心理治疗师的帮助。

独角兽时间

出镜小朋友：文文

年龄：8 岁

性别：男

因反复感觉喉部有异物而就诊。

2 个月前，文文因吃晚饭时误吞鸡骨头，于医院急诊就诊。急诊喉镜、喉部 CT 均未发现异常，医生建议观察随诊。回家后的文文无不适，但之后的 2 个月，每到吃饭时，文文都感觉喉咙有东西，父母带文文多次就诊于急诊、耳鼻喉科门诊，相关检查均未发现明显异常，医生建议文文转至心理科就诊。

询问病史：近2个月，文文喉部有异物感。爸爸妈妈反映，近期文文食欲下降，体重下降了近10斤，在校中午不吃饭，晚饭时频繁询问“我会不会死了，会不会又卡东西，不想再做喉镜了，太可怕了”。文文不敢独自在家，经常委屈得掉眼泪。文文自述，近期总做噩梦，梦到自己吃东西卡住，喘不上来气，一到吃饭的时间就会心慌、紧张。

在医生的建议下，文文接受了认知心理疗法和药物治疗。一段时间后，可以正常进食了。

著名理论物理学家斯蒂芬·威廉·霍金在21岁时被诊断患有肌萎缩侧索硬化（渐冻症）。随着病情的加重，他逐渐失去了行动和说话的能力，几乎全身瘫痪。但他凭借坚强的意志力，与病魔抗争了数十年，而且成就斐然。

“我的手指还能活动，我的大脑还能思考……”“我有终身追求的理想，我有我爱和爱我的亲人朋友……”“对了，我还有一颗感恩的心。”霍金的这些话告诉我们，积极的心态、良好的人际关系、健康的生活方式和兴趣爱好都会让人的心理情绪保持平稳，进而为生命保驾护航。

【第五部分】

心·雨过天晴

预防与促进心理健康

第十三章
心理健康教育：提升儿童自我认知与应对能力

《礼记·学记》云："玉不琢，不成器；人不学，不知道。"

《论语·阳货》中，孔子认为"性相近也，习相远也。"

苏格拉底的核心主张为：认识自己，方能认识人生。

可见，不同历史阶段及不同地域的思想家都曾强调后天环境和教育对个体身心发展的重要性。

人是环境的产物。每个人出生时都是一张白纸，而心理健康教育犹如神奇的画笔，引领我们一笔一画勾勒出独特绚丽的图案，创造出不同的人生画卷。

一、心理健康教育

1 儿童心理健康教育的意义

心理健康教育会直接影响儿童未来的人格发展和社会适应能力，好的心理健康教育能为儿童的一生奠定坚实的基础。

儿童因其处于发育阶段，自我认识和指导能力较为薄弱，需要外界的心理引导和教育。故儿童心理健康教育不仅要从孩子小时候开始，还需要家庭、学校、医疗机构、社会组织的共同参与。

2 儿童心理健康教育的定义

儿童心理健康教育以心理学为理论基础，运用相关的教育方法，促进儿童身心全面和谐发展和素质全面提高。有助于培养良好的个性品质、增强心理韧性、提高学习能力，以便更好地应对生活挑战。

二、儿童在不同年龄段的心理发展问题

不同年龄段的孩子面临着不同的挑战。

本书前面已经详细介绍了儿童心理发展的过程，包括感知、语言、情绪、认知、自我意识、性别认同发展等。在心理发展过程中，如果没有良好的心理教育引导，

孩子很可能出现各种心理问题。

☼ 婴幼儿期：咬指甲、口吃、夜惊（睡惊）、恐惧症、发育落后等。

☼ 学龄前期：方位知觉识别错误、情绪调节困难、无法与同伴顺利交往、适应环境障碍、多动症、分离焦虑、独立性差、心胸狭隘、嫉妒、失落情绪等。

☼ 学龄期：学习困难、社交障碍、敏感自卑、自我认同困惑、亲子关系不和、网络成瘾、独立意识增强和“叛逆”、药物滥用等。

三、心理教育活动的环境与自我因素

1 家庭携手学校的支持与引领

（1）榜样的力量

家长和老师是孩子成长过程中最先接触到的人。而最好的教育就是以身作则，家长和老师健康的心理状态、良好的教育方式都有助于孩子成长。

因此，家长和老师良好的行为规范和教育方式，可以对孩子起到“润物细无声”的作用，让孩子在模仿中学会自我反思和解决问题的方法。

（2）尊重孩子，建立平等关系

尊重，不是任何事情都按孩子的意愿进行，也不是无条件宽容孩子。

在心理学中，强调任何关系都要有边界，即分清自己的事情和他人的事情。哲学家马丁·海德格尔曾指出：“一旦你将对方视为实现你目标的对象和工具，那么，不管你的目标看似多么伟大，你都对那个人造成了伤害。”

当孩子在学习和生活中遇到困难时，家长可以为其提供解决方案和支持，但要尊重孩子的选择，同时要建立规则。

（3）适当的挫折教育

温室里长不出参天大树。

在孩子成长过程中，家长总希望能照顾到孩子的方方面面，但是过度的照顾反而不利于孩子心理韧性的发展。

家长应适当给孩子“出难题”，并允许孩子试错，

比如让孩子自己试着洗衣服、尝试独自制订出行计划等，以此教会孩子如何应对困难和压力，从小事入手，使其内心逐渐强大起来。

（4）学校心理健康教育

心理学与教育学是交叉学科。

学校心理健康教育不仅是一种先进的教育理念，而且对青少年身心健康成长具有重要意义。如学校可以设置专门的心理课程，设置心理老师岗位，举办心理健康宣传讲座，定期对学生进行心理测评，等等。

2 自我心理调整的自洽与自律

（1）日记与绘画

小朋友可以将自己的秘密心事写到日记里，将日记当成自己的好朋友，或是将日记当成与未来的自己交流的媒介。根据自己的心情，想写什么都可以，还可以将自己的想法转变成图画，将心灵轨迹描绘出来。

（2）规律健康的生活

规律的生活作息可以保证大脑不疲劳，身体健康，精神愉悦。

小朋友应尽量保证充足的睡眠，不熬夜；午休时间不要超过 1 小时；一日三餐，按时吃饭，多饮水；坚持锻炼，频率维持在每周3～5天，每次30分钟左右最佳。

另外，小朋友可以通过每天与家长或朋友聊天谈心，以及积极参加集体活动或兴趣班来进行心理调节。

（3）寻求帮助

小朋友们在遇到自己解决不了的困难时，一定要寻求家长、老师或专业人士的帮助。

成长就是不断试错的过程，是不断发现自身特点、反思内心感受、调整行为的过程。因此，寻求帮助的过程，也是小朋友更好地认识自我和提升应对问题能力的过程。

3 医院及相关社会组织的支持与援助

（1）早期筛查与诊断

医院及相关社会组织可以与学校合作，向学生提供定期的筛查评估，及早识别儿童心理问题。医院还可以开设特色心理门诊，为儿童提供全方位心理支持。

（2）个性化治疗

针对不同心理问题或疾病的儿童，医院应为其提供个性化的治疗方案，如心理治疗、药物治疗等。同时，应开通24小时心理援助热线，积极进行心理危机干预。

（3）心理教育讲堂

医院及相关社会组织可与学校和科普媒体合作，为儿童开设定期的公开心理知识讲堂，让心理教育进入学校和家庭；或在“世界精神卫生日”开展义诊等活动。

独角兽时间

关于“房树人”“雨中人”的绘画秘密——

小朋友和家长是否听说过“房树人”“雨中人”的心理绘画游戏？请准备好白纸、铅笔，让我们一起来试试吧！

★“房树人”

具体要求：请用铅笔在白纸上任意画出一幅有房屋、树木和人物（不能画火柴人）的图画。注意：画错的地方不要用橡皮擦，直接在错的地方修改。不用尺子等工具辅助或临摹图案。

完成时间：10～30分钟。

★“雨中人”

具体要求：请按照内心的想法，画出你在雨中的画面，包括你在做什么，是怎样的气氛，准备去哪里……尽量画出细节，不要画火柴人。

完成时间：15 分钟。

全面解析——

在成长过程中，总有些情绪或创伤经历被我们压抑，无法用语言表达。而绘画过程就是通过象征符号将我们内心深处的情感表达出来，同时通过绘画分析也能疗愈我们的伤痛和帮助我们控制情绪。

“房树人”心理绘画测试常被用于筛查个体是否存在抑郁、焦虑、强迫、偏执、敌对、人际敏感等心理问题。

“雨中人”心理绘画测试常用于评估个体当前的压力状态、面对的困难、解决问题的能力与方式等。

第十四章

家庭环境优化：营造支持性家庭氛围

列夫·托尔斯泰在《安娜·卡列尼娜》中说："幸福的家庭都是相似的，不幸的家庭各有各的不幸。"

萧伯纳曾说："家是世界上唯一隐藏人类缺点与失败的地方，它同时隐藏着甜蜜的爱。"

让·雅克·卢梭说："家庭是世间最美丽的景象。"

确实，家庭是人生的起点，也是未来命运发展的重要依托。如果家是温暖的港湾，那么无论漂泊多远，人的心中始终会眷恋着这个港湾。

鼓励支持性的家庭，能成为孩子日后面对困难时的坚强后盾，助力他们砥砺前行。可见对于孩子来说，家真的是一个极为独特的存在。

一、家庭环境的重要性

1 人格基石

人本主义的精神分析理论认为，家庭环境影响孩子人格形成，幼年时的归属感和安全感是孩子安心探索世界的基石。缺乏这些，孩子将陷入敏感和自卑的旋涡。因此，不同的家庭环境可能会塑造出性格、价值观和行为特征完全不同的孩子。

2 全面塑造

家庭培养对孩子的发展起到方方面面的作用，如塑造性格、建立安全感、养成良好的学习习惯、促进智力启蒙、学会情感表达、能感受爱和给予爱、学会家庭人际交往模式、养成良好的道德价值观、提高应对挫折的能力等。

二、4种常见家庭养育类型

1 权威民主型

父母对孩子提出明确的规则和要求，同时给予孩子充分的理解、尊重和关爱，能倾听和接纳孩子的意见。

在这样的家庭环境中成长的孩子，会拥有自信、独立、有责任心等优良品质，并且具有良好的情绪控制能力和社交能力。

2 专制独裁型

父母对孩子要求严格，要求孩子绝对服从，限制孩子的自由和独立探索过程，很少倾听孩子的意见和感受。

在这样的家庭环境中成长的孩子，容易表现出顺从、依赖、缺乏自信，甚至出现对立违抗、焦虑抑郁等问题。

3 放纵溺爱型

父母对孩子过分宠爱，会满足孩子的一切要求，极少对孩子提出要求和批评。

在这样的家庭环境中成长的孩子，容易形成以自我为中心、任性、依赖、缺乏责任感等心理特征，同时，孩子在面对挫折和困难时应对能力较差，在人际交往和情绪控制上易出现问题。

4 忽视不参与型

父母对孩子的关注度低，缺乏情感支持，极少对孩子的行为进行约束和引导，对孩子的成长发展漠不关心。

在这样的家庭环境中成长的孩子，容易有自卑心理、具有攻击性、缺乏规则感、缺乏爱的能力、逃避、无助和封闭自己，甚至可能出现情绪问题、行为问题，缺乏安全感和归属感，在未来的社交和学习发展上易遇到困难。

三、营造支持、鼓励的家庭氛围

1 家的温暖

支持、鼓励的家庭氛围宛如春日暖阳，温暖着每一位家庭成员，给予每一位成员勇敢面对挫折与困难的力量。

在这样的家庭中，有着鼓励赞美的语言、互相倾听、充满包容和理解，积极参与和见证彼此成长。发现和鼓励其他家庭成员的优点，能让每个家庭成员感受到自我价值；互相倾听则能让家庭情感纽带更牢固。

2 包容与爱

每个家庭成员包容和理解彼此的缺点。家长允许孩子犯错误和失败，能让其不惧失败、敢于尝试探索，并在挫折中成长。

家庭成员积极参与彼此的生活，互相陪伴，能让每个家庭成员在自己的成长道路上无后顾之忧。在家庭生活中难免会出现矛盾和分歧，家庭成员间应相互尊重，共同寻找折中的方案，以平和的方式处理矛盾。

独角兽时间

创建良好家庭氛围的多条建议——

★ 安全的成长环境

父母应尽可能为孩子提供安全的成长环境，以及良好的生活条件和教育资源，建立规范和边界，保护孩子与自己的隐私。

★ 稳定的养育者

应尽量保证孩子有固定的抚养者，尤其是在0～3岁时，最好由父母亲自抚养孩子。不要频繁更换抚养者。

★ 父母关系和谐

在家庭中，良好的夫妻关系是家庭氛围和谐友爱的基础。父母尽量不要在孩子面前争吵、打架。

★ 温和的言语

低年龄段的孩子是通过观察父母的态度和感受父母的语言情绪，来确定父母是否爱自己。因此，父母应尽量避免用粗暴的言语批评和否定孩子。

★ 亲子互动时间

父母与孩子每周可以进行一次谈心分享活动，也可以一起参加趣味家庭活动、户外运动、游戏或旅行，共同建立美好的回忆。在亲子时光中，父母应耐心倾听孩子的感受和想法。

★ 良好的家庭价值观

父母是孩子的第一任老师，家庭所传递的价值观念会影响孩子的道德观念和行为准则。每个家庭应有明确的家庭核心价值观念，并以此为基准教育孩子。

★ 支持鼓励的家庭

孩子需要得到肯定和鼓励。父母应及时表扬孩子的努力和成就，给予他们正面反馈，鼓励他们勇敢尝试、坚持努力。

★ 寻求学校和医院的双重支持

在孩子的成长过程中，难免会遇到问题。父母应定期与老师交流，了解孩子在校的情况，与老师共同引导孩子。若存在问题，应及时寻求专业人员帮助。

★ 关注孩子的情绪变化

情绪活动是人类的一种正常的心理现象。每个人的情绪都会随着环境、经历、身体状况的变化而发生变化。儿童青少年正是身体和心理快速发展的阶段，面临学业及社交压力，他们偶尔出现情绪低落或者短暂的情绪波动都是正常的。若孩子的情绪波动表现为长期、剧烈或明确，并影响其日常生活和身体健康，就需要父母及时采取干预措施或寻求专业帮助。

第十五章
社区与学校资源：构建心理健康支持网络

古代医书《千金要方》云："古之善为医者，上医医未病之病，中医医欲病之病，下医医已病之病。"

我们可以简单地将这句话理解为，中医强调在疾病尚未出现之时就采取预防措施，即防患于未然。这里需要预防的疾病中自然也包括心理疾患。对于心理疾病，预防远比治疗重要。

在孩子成长的道路上，各种压力如影随形。既然他们主要的生活场景就是家庭、学校与社区，那么我们就应当以此为基础，充分构建多场景的心理健康支持网络，助力他们顺利成长。

独角兽时间

盘点那些“内忧外患”

心理健康如同基石，支撑着儿童青少年的全面发展。适度的压力能助力他们发挥潜能，突破自我，取得成就。但当压力超过他们所能承受的范围时，身体就容易受到负面影响，甚至出现心理疾病。

外——

外界环境压力，如学业负担、父母的期待、家庭变故、人际关系紧张、同辈竞争、经济负担等。

内——

如个人压力，包括自我认知差、自我期待高、自我掌控能力弱、个人能力与现实的差距大等。

一、合二为一，心理健康支持

构建完善的心理健康支持网络对儿童青少年的身心健康和未来发展具有不可估量的作用。在儿童青少年的心理疾病尚未萌芽时进行有效干预，远比其肆虐成灾后再投入大量精力治疗更为必要。

1 学校心理健康资源

☼ 场所：学校。

学校作为儿童青少年成长的重要场所，拥有丰富的心理健康教育资源。

☼ 资源：心理健康教师或临床心理医生。

☼ 举措——

目前，包括天津市在内的很多城市的大多数中小学都配有专业的心理健康教师；大学的校医院配有临床心理医生。心理健康教师会通过生动有趣的课程，向学生传授心理知识，帮助学生认识、了解自己，让学生在课程中学会调适心理的方法和应对困难的方法。同时，心理健康教师会向学生提供单独的心理咨询服务。大学因其心理健康教育资源更为丰富，学生在校医院就可以得到心理评估、心理咨询、心理疾病诊疗等帮助。

同时，天津市的大中小学会定期组织各种心理健康的活动，如心理健康主题班会、心理健康周讲座、心理剧表演、心理素质拓展活动、“心灵树洞”、“优点大发现”活动等。学生在参与活动的过程中，能更好地关注自己的内心世界，促进与同伴的关系和提高社交能力，培养更积极的心理品质和提高自我认知能力。

2 社区心理健康资源

☼ 场所：社区。

社区是社会构成的基础单元，也是每个孩子进行社会实践活动的重要场所。

☼ 资源：定期举办心理健康讲座和培训。

☼ 举措——

以天津市为例，各个社区可以定期组织心理健康讲座和培训，邀请医疗和教育领域的专家、学者为儿童青少年及其家长普及心理健康、家庭教育等相关知识。有条件的社区甚至可以建立心理咨询室，组建心理咨询团队并定期进行家庭随访。同时，对于已在医院确诊的特殊患儿，社区可以组织志愿者进行陪伴引导，帮扶其家庭。

天津市的各个社区与中小学早在十年前就建立了紧密联系。学校放寒暑假后会要求学生到社区报到进行社会实践活动。各社区依据报到情况，安排丰富的心理健康实践活动，如参观大学校园、组织科技夏令营、进行沙盘体验和职业体验等。学校开学后，会根据社区的实践活动评价信息，进一步组织相关实践活动的课堂讨论或有趣实践活动的感受分享会。

二、三位一体，支持网络搭建

育才先育人，育人先育心。国家和社会对儿童青少年心理健康高度重视，多个地区开展了“学校－家庭－社区”三位一体的教育模式，将资源整合，更好地维护儿童青少年的心理健康。

1 以学校为中心，搭建三方联络网

良好的沟通平台，不仅能为儿童青少年的成长提供良好的环境，还便于三方人员相互理解，共同为儿童青少年的心理健康教育付出努力。

当下主要的联系途径是家长会、社会实践活动报告单。未来期待能利用互联网建立更加便捷有效的沟通平台。

2 整合优质资源，提供全方位帮助

学校根据自身资源条件，为学生开展相应的心理健

康指导。社区依据每个孩子和家庭的情况，开展丰富的活动，并建立相应的心理健康档案。学校可指导社区进行相应的补充实践活动，并依据社区的反馈信息，指导和调整社区针对个体和家庭的心理健康教育活动。

若在校或在社区中发现孩子出现异常情况，则及时转介至医院，寻求专业帮助。依据相应的诊疗方案，学校与社区可共同为孩子提供相应的帮助。同时，家长应积极与孩子一起参与学校与社区的活动，为孩子营造支持且温暖的家庭氛围。

3 支持网络人员，社区志愿者发力

学校教师与社区人员应定期参加专业的指导课程，提升自身专业能力并调整自己的心理健康状态。

学校工作人员和社区志愿者定期到医院学习。医院可提供志愿者服务，以相互解答疑惑，分享相应的解决方法和教育经验，全面提升支持网络人员的应对能力。

4 家庭支持氛围，让孩子身心健康

良好的家庭环境是社区和学校心理健康支持网络的纽带。

家长配合学校，积极带领孩子参与社区组织的相关活动，了解孩子的特性，学习育儿方法，及时调整家庭氛围，不仅能促进亲子和谐相处，更有助于培养孩子良好的心理品质和韧性。

儿童是家庭的核心、民族的希望、祖国的未来，他们的身心健康是人类发展的基石、进步的保证。

所以，搭建好“学校－家庭－社区”三位一体的支持网络是我们必须做的。这可以帮助我们更好地守护孩子的身心健康，引导、保护、助力他们快乐成长！